Lieber Edi,

Zu Deinem 76. Geburtstag
die herzlichsten Glückwünsche
und für die Zukunft im
Spreewald alles Gute.
Zur Erinnerung an eine
schöne Zeit am Niederrhein

Dein Jürgen Bauer

Heike Waldor-Schäfer (Hrsg.)

Niederrhein
an und für sich

Niederrheinische
Lesungen von
Thorsten Baßfeld
Christian Behrens
Uwe Brosch
Okko Herlyn und
Almuth Sperveslage

mit beigefügter Audio-CD

Bibliografische Information der Deutschen Bibliothek
Die Deutsche Bibliothek verzeichnet diese Publikation in der Deutschen
Nationalbibliografie; detaillierte bibliografische Daten sind im Internet
über _http://dnb.ddb.de_ abrufbar.

Diesem Buch liegt eine Audio-CD mit Aufnahmen bei,
die während der Autorenlesung am 26. September 2002
im Kulturzentrum Hundertmeister, Duisburg, entstanden.
Ton: Frank Hansen

1. Auflage Oktober 2002
Redaktion: Heike Waldor-Schäfer
Titelhintergrund: Peter Malzbender
Fotos: Heiko Kempken
Satz und Gestaltung: Klartext Verlag, Essen
Druck: Fuldaer Verlagsagentur, Fulda
© Klartext Verlag, Essen 2002
ISBN 3-89861-115-9

Inhalt

Inhalt der beiliegenden Audio-CD:

Vorwort

Hand aufs Herz, haben Sie einen Niederrheiner schon mal nach dem Weg
gefragt? Dann ist Ihnen das auch passiert: Sie wissen alles. Wo Hein Osterholt
seinen Wohnwagen untergestellt hat und wie die Liegefrist für Tante Reinhild
ist, wann die endlich mit der Kanalisation fertig sind und was denn nun aus
Hoschi Kleineveen geworden ist. Tja, nur, wie Sie den Weg finden, das wissen
Sie dann immer noch nicht. Okko Herlyn hat das so wundervoll treffend in
seiner Kolumne „Wo wollnse hin" erzählt.
Ja, der Niederrheiner ist schon ein ganz besonderer Schlag.
Und die Landschaft, in der der Niederrheiner zu Hause ist, die ist auch besonders.
Besonders platt, besonders verregnet, besonders weiträumig und weitblickend,
großherzig und nach allen Seiten offen. Mit Sonnenschein, wenn's nebelig ist
und voller Regenbogenbänder und bunt schimmernder Pfützen, in denen sich
der Himmel spiegelt, wenn es dauerfieselt.
Da versteht es sich von allein, dass ein Buch, das dem Niederrhein gewidmet
ist und von Niederrheinern geschrieben ist, ein besonderes sein muss.
Vor sieben Jahren (also vor fast sieben, im Januar 1996), da hat sich die NRZ
aufgemacht, dem Niederrhein ein paar neue, schöne Seiten zu schenken.
„Wir am Niederrhein" haben wir die genannt. Und dort berichten wir von
den Menschen in der Region, ihren Wünschen und Träumen, Sorgen und
Hoffnungen, Festen und Freunden.
Um den Niederrheiner zu verstehen, die Dönekes und Geschichtkes, all das
Gereimte und Ungereimte, in schönen und in schlechten Tagen, haben wir
uns fachmännische Hilfe besorgt: Immer wenn es Samstag wird, kommen
unsere NRZ-Niederrhein-Kolumnisten zu Ihnen ins Haus und zu Wort.
Klären auf und raten ab, dichten und denken, beschreiben des Niederrheiners
Seelen-Landschaft schier unergründliche Befindlichkeit.
Und nun ist es vollbracht: Unsere beliebten Fünf haben sich gefunden, wir
haben sie gebunden. Almuth Sperveslage, Thorsten Baßfeld, Christian Behrens,
Uwe Brosch, Okko Herlyn – fünf Individualisten, fünf Charaktere, wie sie
unterschiedlicher kaum eine Region hervorbringen könnte – und doch vereint
in der Liebe zu ihrer Heimat, dem Niederrhein.

Und noch etwas Besonderes: Im NRZ-Buch gibt es die schönsten Niederrhein-
Texte unserer Kolumnisten nicht nur zum Nachlesen, sondern auch zum
immer wieder neu Hören, auf CD. Die haben wir bei der 2. Niederrheinischen
Lesung im September 2002 im Cafe Hundertmeister in Duisburg aufgezeich-
net. Ein Live-Mitschnitt mit all den Irrungen und Wirrungen, die das Leben
so bieten kann.
Viel Musik, viel Fröhlichkeit, aber auch viel Stille werden Sie im Buch und auf
der CD finden.
Lünkern Sie mal mit Almuth Sperveslage durchs Guckloch. Kneifen Sie ein
Auge fest zu und drücken Sie das andere ganz ganz fest an den schmalen Spalt,
den der liebe Gott zwischen dem vielen Himmel und der vielen Gegend gelassen hat. Schieben Sie den Nebel einfach an die Seite, lassen Sie die Kuhfladen
rechts und die Wasserpfützen links liegen und marschieren Sie los. Vielleicht
kommen Sie zur Baerler Chaussee, dort, wo der Sommer verloren gegangen ist.
Oder Sie treffen den Ritter Lanzelot, der im flachen Land mit den feuchten
Wiesen so manchen Streich vollbrachte. Wenn Sie Glück haben, erwischen
Sie vielleicht sogar ein Stück vom Niederreim. Thorsten Baßfeld hat den
zuletzt gesehen. Und dann lehnen Sie sich einfach mal an so eine alte, knorrige
Kopfweide. Klischee hin, Klischee her. Hören Sie dem Uwe Brosch zu, wenn
der die Saiten zutzelt. Mal in Dur und mal in Moll. Wenn Sie dann doch mal
ganz unten sind, wenn Sie den niederrheinischen Blues in den Knochen haben,
dann trifft es sich gut, wenn Sie dem Christian Behrens über den Weg laufen.
Der wird Ihnen strahlend erklären, wie sich die Glühwürmchen vermehren
und warum Poesie so schön ist und man beim Rad fahren einfach dichten
muss. Auf dem Rückweg haken Sie sich bei Almuth Sperveslage ein, winken
dem Thorsten Baßfeld ausgelassen zu und gucken noch mal eben bei Okko
Herlyn vorbei.
Und der sagt Ihnen, warum das alles so gekommen ist.
Es gibt viel zu entdecken, in diesem Niederrhein-Buch. Viel Spaß dabei.
Ein Tipp für alle Nicht-Niederrheiner: Versuchen Sie nicht, die Niederrheiner
zu verstehen. Das klappt nicht. Nehmen Sie die einfach so, wie sie im Buche
stehen.

Heike Waldor-Schäfer
Redaktionsleiterin von „Wir am Niederrhein"

Thorsten Baßfeld

Harry Potter

Die meisten Gäste sind gegangen.
Zu nieseln hat es angefangen.
Die Jukebox spielt ein Lied von Nicki.
In der Raumluft schwingt Zazicki.
Da fällt mein Blick hinab. Vor mir
steht plötzlich noch ein letztes Bier.
Niemals hab’ ich das geordert!
Meine Leber, überfordert,
läßt nicht den kleinsten Zweifel offen:
„Das trinkst du nicht, du bist besoffen!“
Das ist ja gut und richtig, bloß –
wie werd’ das Bier ich anders los?
Weil mein Gehirn schon gut durch-
                       tränkt,
es mir die Lösung alsbald schenkt:
Nach dem Suff, vor dem Relaxen
sind die Reste wegzuhexen!
So bilde ich mir die Chimäre
einer düst’ren Atmosphäre
mit Schwefel- und mit Teergeruch
und intonier’ den Zauberspruch:
„O Bier, vom Alkohol geschönt
und königlich vom Schaum gekrönt,
negiere deine Existenz,
entschwinde wie der letzte Lenz
im niederrhein’schen Sommerloch
und komm’ von dort nie wieder hoch!“
Wie rasch sah ich es schon enteilen,
vorangetrieben vom wohlfeilen
Klang der Worte, die ich gar
melodisch in den Saal gebar.
Jedoch, ich muß es scheu gestehen:
Mit dem Bier ist nichts geschehen!
Als rührten es die Worte kaum,
steht’s dunkelbraun im Kneipenraum.
Vielleicht versteht es mich ja nicht,

weil’s Guinness heißt und Englisch
                       spricht!?
Darum ruf’ ich: „Disappear!“
Doch nichts dergleichen macht das Bier.
Mit Worten, schärfer als Tabasco,
sage ich auf Schottisch: „Glas go!“
Doch schwerlich zeigt es sich verzückt,
ist nicht ein Quentchen fortgerückt.
Auch mein „Au revoir, ma bière“
macht vielleicht sprachlich etwas her,
das Glas indes bleibt standhaft voll.
Aus der Jukebox dringt Nicole.
„Odczep się“, heißt es in Polen,
just dem Bier bleibt dies gestohlen:
Es hat nicht einmal aufgeschäumt,
geschweige denn das Feld geräumt.
Ich sag’ zum Glas, wo Guinness
und nicht bloß Limo drin is’
(und auch, weil’s stiellos ist, kein Wein)
auf Niederländisch dann: „Verdwijn!“
Aber wie ein alter Gouda
klebt’s am Tische. Ich erschauder’:
Hat mich alle Macht verlassen?
Ist’s Bier stärker? Muß ich passen?
Bin ich wirklich unterlegen
diesem Popanz? Ach, von wegen!
Ich werd’ mich weder echauffieren
noch vor Bieren resignieren!
Wasser, Hefe, Malz und Hopfen
hört das letzte Stündlein klopfen,
da ich jedes Register zieh’
und jetzt auf Russisch und auf Ki-
suaheli es versuche,
fliegenflink auf Finnisch fluche,
ich probier’s auf Portugiesisch,
Türkisch und auch auf Ostfriesisch

rufe ich ein einzig' Wort:
„Hinfort!"
Wider des Bieres schwere Statik
steigere ich die Dramatik,
wirble kunstvoll mit den Händen,
des Glases Dasein zu beenden
und vernehme voll Erregung
bei einer flotten Armbewegung
den Kontakt zur Dimension
der dritten Art, der Twilight Zone.
Ich spür's, Magie durchflirrt den Äther
(im Hintergrund singt Ina Deter),

so seh' ich noch was in den weiten
und verrauchten Raum entgleiten,
Funken waren's wohl, die oben
aus meinen Fingerkuppen stoben,
und mit Geschepper und Getös
und Sternenstaubwolke graziös
sog sich das Nichts mein Bierglas ein.
Ja, so muß es gewesen sein.
Geglückt ist mir der Zaubertrick:
Das Bier ist fort, kommt nicht zurück.
Da fühl' ich mich wie Harry Potter.
Nur polyglotter.

Ein Fischlied

Wobbegong zur ersten Runde

Garnelen, Garnelen
auf allen Kanälen.
Hat dein Fernseher Kabel? Jau!
Dann mach' wie die Forelle blau
und schau, wie Quallen dorthin schlittern
wo die feigen Aale zittern,
wo Seekühe zum Melker tauchen
und Lungenfische Seegras rauchen,
um sich damit zu dopen
und dann zu den Oktopen
trotzig schrei'n: „Euch mach' ich naß!
Wer einmal aus dem Saugnapf aß,
der spritzt doch nichts als Tinte!"
Der Dorsch singt forsch die Quinte.

Ein Putzerfisch pflegt seinen Sims,
winkt lax zu einer Herde Shrimps,
die spielt fisch, fomm, föhlich, fei
„Wer hat Angst vorm weißen Hai?"
Und die Krabbe in der Mitte
macht davon zwei Scherenschnitte.

Wobbegong zur zweiten Runde

Der Thunfisch spielt mit dem Delfin,
wo Fischer ihre Netze zieh'n.
Der Buckelwal spielt Quasimodo,
Korallen warten noch auf Godot.
Der Stör verstört ruft: „Ungelogen!
Um Rogen hat man mich betrogen!"
Wer ihm wohl an die Eier ging?
Bestimmt war es der Fisher King
Käpt'n Iglo. Der lacht dreckig,
machte schon den Seelachs eckig.
Das ist ein echter Gräten-Job.
Die meisten Fische heißen Bob.

Dem Laich ist das so ziemlich gleich.
Der Mondfisch, kugelrund und bleich,
hat 'nen Seewolf sich geschwommen,
wollt' leckre Seegurken bekommen.
Weil er davon zuviel gefangen,
ist der Mondfisch aufgegangen,
Seesterne prangern dies an.
Der Sonnenfisch liegt noch im Tran.

Wobbegong zur dritten Runde

Der Barsch ist sauer auf Moränen,
die ihn gern zum Reimen nehmen.
Der Quastenflosser bleibt verschollen
und die ollen Schollen wollen
mit Langusten um die Wette stelzen.
Welse Walsers Wälzer wälzen.
Napoleon, der Lippfisch dröhnt:
„Ich hab' schon Seelöwen gefönt
und ihre Mähne zog ich straff!"
Der Zander Frank guckt ziemlich baff;
doch braucht er sich da nicht zu wundern,
platt zu sein wie Gags von Flundern,
die Harald Schmidts der Wasserwelt –
der Lippfisch ist nur Lippenheld.

Mit Heilbutts Hilfe betreiben Lachse
Zahnhalskariesprophylaxe,
während in der Zwisch-
enzeit der Kugelfisch
Ärger kriegt mit der Verwaltung:
unerlaubte Kampffischhaltung!

Wobbegong zur vierten Runde

Muscheln tuscheln ganz banale
Dinge, werfen sich in Schale,
machen weit die Klappe auf,
lästern ob der Skorpions' tauf-
risches Lied: „Ideenlos!"
Ein Sandkorn perlt in ihrem Schoß.
Auch der Gauklerfisch wirkt scharf,
weil er in 'n Wrack sich warf,
das er je nach Anlaß wechselt.
Nebenan der Schwertfisch drechselt.

In Algen balgen die Makrelen,
wenn sie nicht gerade Ängste quälen,
vor Krakula, dem Knorpelkauer.
Plötzlich platzen Plötzen. Aua!
„A, toll", denkt sich des Haifischs Bruder.
Der Barrakuda, dieses Luder
liegt noch faul im Wasserbett.
Schildkröten turtlen, er war nett,
hat Anemonen mitgebracht:
Sie hat ihr Seepferdchen gemacht.

Wobbegong zur fünften Runde

Kürzlich noch ist Rochen Jochen
mit Seepocken zusamm'gebrochen
jetzt düst er wieder mit dem Manta
wie Häkki-Hecht, nur viel rasanter.
Als Kugelstoßkugel kommt – zisch! –
jetzt Obelix, der Kugelfisch
im hohen Bogen angeschossen.
Gleich gibt es was auf die Flossen,
der Butt Spencer nämlich will
boxen gegen Terence Krill,
der mit der lila Seekuh zankt.

Weil's ihm vor sich selbst nicht bangt,
steckt sich der Krebs 'ne Fluppe an
– und landet in der Suppe dann.
Tja, so ist das mit den Fluppen,
es fällt dir von der Haut wie Schuppen:
Gehst du im Krebsgang durch die Welt,
scheint diese wie ein weites Feld,
doch büßt, wer allzu achtlos geht,
ein an des Lebens Qualletät.

Wobbegong zur letzten Runde

Ein Butterfisch auf Butterfahrt
kauft Drops und einen Feldsalat
und für die gelbgestreiften Barben
Barbies, die sie noch nicht haben.
Doch wo der Katzenfisch miaut
wird auch Katzenjammer laut:
„Mein arme, arme Uschi!
Gestern Hering, heute Sushi!"
schluchzt Harung ß-ta-ta voll Kummer;
stummer Zeuge nur ein Hummer,
Schalentier besond'rer Sorte:
mag Krillwurst nur und Krillaschtorte.
Ein Tuntenfisch naht, Hai-ti-tei,
klagt jedem seine Schwärmerei:
'nen Haarstern hätt' er, weil's ihn dürstet
nach Abwechslung, mal gern gebürstet.
Doch trotz der innigsten Bemühung
blieb's 'ne planktonische Beziehung.

Tja, nirgends ist es bunter, nasser
als im Reiche Unterwasser;
doch Auster Traum, denn jetzt ist Schluss!
Gruß und Kuß, dein Nautilus!

Ode an meine Nase

Meine Nase ist so fein
und einfühlsam geraten;
schlüpft Mama in den Kittel rein,
dann riecht sie schon den Braten.

Sie hat den Golfkrieg schon gerochen,
bevor ihn jemand angesprochen
und als die Franzosen auf dem Atoll
Atombomben testeten, war sie gleich voll.

Denke ich an Spendengelder,
fängt sie sofort an zu laufen,
und hör' ich das Wort Regenwälder,
muß ich Taschentücher kaufen.

Studier' ich den Bericht von PISA,
kribbelt sie subtil;
bei Wahlversprechen wird's noch fieser,
da nies ich laut und viel.

Doch füllt sie sich mit dem Duft jener
                                    Frau,
ist's mir das oberste Pläsier.
Nur mißversteht diese, sag' ich liebevoll:
„Ich hab' die Nase voll von dir!"

V wie verliebt

Kalt wird's. Der erste Herbststurm töst.
Herr Sommer wurde abgelöst,
outgesourcet bis nächstes Jahr.
Alle Vögel kaum mehr da.
Das Laub schwer getrübt.

Regengüsse, die hernieder
rasseln in verwelkten Flieder.
Ziegel, die von Häusern krachen.
Nirgendwo ein Kinderlachen.
Und ich bin verliebt.

Kalt die Welt. Ein jäher Sturm.
Der frühe Vogel sprengt den Turm:
Wolkenkratzer stürzen ein,
Leute, die erschüttert schrei'n:
„Daß es sowas gibt!"

Stets die Falschen sind am Schalter,
drehten Knöpfe, lang geballter
Zorn hat sich entladen,
die Welt hängt am Faden,
und ich bin verliebt.

Sonne bricht durch. Spatzen pfeifen.
Hochmut läßt sich kaum verkneifen.
Späte Regung steckt im Busch.
Viele Menschen tragen Rouge
aus Wonne im Gesicht.

Federleichter Federweißer
malt den Abend bunter. Leiser
Seufzer. Ich spazier' allein,
genösse gern, glücklich zu sein,
jedoch – sie liebt mich nicht.

Niederreim

Am Niederrhein, am Niederrhein
da trinkt man hin und wieder Wein,
man will ja nicht zu bieder sein
und stimmt in frohe Lieder ein
von goldner Sonne, die da scheint
am Niederrhein, am Niederrhein.

Am Niederrhein, am Niederrhein,
da geht Hanns Dieter Frieda frei'n,
er leckt am Bein vom Friedalein,
greift ihr ganz keck ins Mieder rein,
da haut sie ihm ihr Knie da rein,
am Niederrhein, am Niederrhein.

Am Niederrhein, am Niederrhein,
da blüht der weiße Flieder fein;
wenn Kopfweiden uns Lieder leih'n,
kehrt Frohsinn in die Glieder ein,
das ist der schönste Widerschein
vom Niederrhein, vom Niederrhein.

(Auf Wiedersein!)

Brass

Was kann es schlimmeres geben als einen zunächst heimeligen Abend mit Pasta und Wein, dann plötzlich klingelt das Telefon und es erreicht Sie dieser ominöse Anruf, vor dem Sie schon immer die latente Furcht hatten, er könnte Sie eines Tages tatsächlich mal erreichen. Sie heben ab, sagen weinbeschwingt noch recht gefaßt Ihren Namen, und vom anderen Ende der Leitung her vernehmen Sie die beunruhigenden, verstörenden Worte: „Guten Abend. Mein Name ist Günther Jauch!"

Aber Sie kennen keinen, der gerne rät und Sie hat freilich niemand informiert, daß Sie ob Ihres Fachwissens auserkoren seien, die Bildungslücken eines anderen auszupolstern; schließlich sind Sie so perplex, daß Sie die entscheidenden Worte – „Da müssen Sie sich verwählt haben" – nicht herausbringen. Statt dessen werden Sie etwas gefragt, wovon Sie nicht den blassesten Schimmer haben, zum Beispiel: Was versteht der Pflanzenkundige unter *Brassica oleracea*?

Und jetzt sitzen Sie da. Ein volles Studio samt anteilnehmender Fernsehnation inklusive sämtlicher Ihrer Verwandten, Freunde und Vorgesetzten wartet gespannt auf Ihre kluge Antwort. Sie aber kauern stumm am Telefon. Denken an Ihre Schulzeit zurück. An Ihr Scheitern in der mündlichen Abiturprüfung. Wie Sie schon immer diese Multiple-choice-Tests verachtet haben, weil sich bei solchen ohnehin nur die falschen Antworten eingeprägt hatten. Dreißig Sekunden verticken, statt einer Antwort formieren sich nur neue Fragen, was das denn alles soll, wer überhaupt das Fernsehquiz aus der Motten- zurück in die Flimmerkiste gebracht hat und was zum Graureiher das wohl für Menschen sind, die sich derart dämliche Fragen ausdenken. Wer war Pelz von Felinau? Wie hieß die erste Single von Pink Floyd? Was mißt ein Thermohygrograph? Wodurch wurde die polnische Kleinstadt Oświecim bekannt? Gunter Gabriel, Mensch, hat der nicht früher bei Genesis gesungen? Na, und wie hieß der noch, der Dicke, der Gelbe, der, der große gelbe Vogel aus der Sesamstraße?

Ich weiß, wie sehr Sie, werter Leser, Angst vor eben dieser Situation haben. Um Ihrer Psyche nun aber ein Bröckchen Gelassenheit vor die Freudschen Füße zu legen, um nicht aus Brassica Brass werden zu lassen, sage ich es Ihnen, ganz im Vertrauen und mit der Bitte, daß Sie darüber Stillschweigen bewahren mögen, denn es ist ein kostbares, ja, köstliches Stück Wissen: Die Antwort lautet Grünkohl.

Sternstunden

Der Wald war so unspektakulär wie jeder andere am Niederrhein.
Die übliche Vegetation, ein Hauch von Bodennebel, etwas
huschte durch den Farn. Man mochte die Natur der Einfallslosig-
keit bezichtigen, zu sehr schickte die Umgebung sich an, den
Baerler-Busch-Ähnlichkeits-Wettbewerb gewinnen zu wollen.
Nur befand ich mich eben in keinem niederrheinischen Gehölz,
sondern 1058 Meter über NN auf dem Gipfelplateau des Caroux
in Südfrankreich. Ich weiß schon, was andere an dieser Stelle
bemerken würden: Tja, Niederrhein ist eben allerorten, oder gar:
Jeder Mensch ist ein Niederrheiner, fast überall. Ähnlich abge-
wetzte Wege mag ich jedoch nicht betreten, zumal es bei diesem
einen Déjà-vu blieb und sich die übrige Landschaft so herrlich
schluchtig und natursteinhausig benahm, daß sie auch nur in prä-
mediterrane Gefilde gehören konnte.
„Der Untergrund klingt aber ganz schön dumpf", befand mein
Begleiter Fritz bei unserem Gipfeltreffen.
„Bestimmt ist der ganze Berg hohl wie die Köpfe treudeutscher
Neonazis und darin befindet sich ein hochgeheimes atomares For-
schungslabor, wir sind immerhin in Frankreich!" mutmaßte ich.
Nachweisen ließ es sich sicherlich nicht so leicht, auch soll das
fürs erste genug an fein eingewobener Gesellschaftskritik sein, viel
überwältigender als der alltägliche Wahnsinn brüstete sich hier
schließlich die Natur mit ihren Wackersteinen und Flokatiwol-
ken. „Wenn ich den Caroux so seh', sag' ich zu jedem Ouzo nee",
war man geneigt, den Höhenrausch trefflich zu kommentieren.
Der Wind schnurrte sacht über den Gipfel hinweg, hauchte eine
zarte Melodie. Dies rührte in mir eine weitere Saite erhabener
Schwingungen an: Wenn ich den Caroux so hör', brauch' ich
kein' Caruso mehr. Der Berggipfel der Genüsse lud zur einstweili-
gen Verzückung ein.
Nachdem ich später am Tag übern Berg war, frohlockte das weite
Himmelsgesicht mit glimmenden Sommersprossen aus Sternen;
die Maler unter ihnen zogen als Schnuppen Striche über das
nächtliche Schwarz.
Das vermeintliche Faksimile zurücklassend, befinde ich mich jetzt
wieder am echten Niederrhein. In lauen Augustnächten wie dieser
soll es ja auch bei uns unzählige Momente geben, in denen die

Sternschnuppen der Milchstraße aus dem Quark und vor unsere niederrheinischen Augen kommen. Gerne mag ich mich davon überzeugen, just das Ambiente soll natürlich stimmen. Also gehe ich, wie so gerne, allein durch den Stadtpark. Der steht schwarz und schweiget, auch Sterne läßt die hiesige, diesige Industrieluft kaum zu. Da lobe ich mir Lichtjahre tiefer einen Leuchtkäfer, der etwas abseits des Weges um die Gunst seiner Angeschimmerten wirbt. Das vereinzelte Licht des kleinen Strahlemanns ist mir sofort sympathisch, ich verlasse meinen Pfad, um ihm ein wenig seiner Einsamkeit zu nehmen, will ihn grüßen. Aber da ist er nur eine das fahle Mondlicht reflektierende Bierdose. Wen wunderte es, wären die Sternlein über mir auch nichts anderes als goldene Mücken, an den Saum der Nacht gesteckt... Und wo ich gerade seufzend vor etwas verbeultem Blech hocke, da huscht über den Nachthimmel in einem schmalen Bogen eine wahrhaftige Sternschnuppe, so überraschend und vergänglich, daß ich meinen Wunsch, den ich ihr doch so gerne anvertraut hätte, verschlucke. Wirklich schlimm ist das aber nicht. Eine Gemeinsamkeit haben die hiesigen Sternschnuppen nämlich in jedem Fall mit den südfranzösischen: Was man sich auch wünscht, es geht nicht in Erfüllung.

Letzte Wurst vor Grevenbroich

Wo ich herkomme, sagt man Grevenbreuch. In Grevenbroich sagt man Grevenbruch. Und die Deutsche Bahn differenziert gar noch weiter.

„Ja, fahren Sie jetzt nach Grevenbruch oder Grevenbreuch?" fragte mich der Schaffner.

„Was ist 'n billiger?"

„Müßte ich mal nachsehen."

„Wie schreibt sich das denn?" mischte sich nun ein Teenager ein, dem ein D aus dem Nackenhaar rasiert war. Ich buchstabierte.

„Dann heißt das Grevenbreuch", befand der Junge mit dem D an der Waffel. Der Schaffner blätterte. Ich nahm noch eine Wurst aus dem Glas.

Grevenbroich war die erste Etappe der Niederrheinischen Literaturkonzerte 1999, bei denen ich neben den geschätzten Autorenkollegen Robert Steegers und Tonnus Oosterhof lesen bzw. in der ersten Reihe sitzen durfte, wobei ich die bedeutsame Entdeckung machte, daß wartende Literaten anscheinend allesamt das linke Bein über das rechte zu legen pflegen.

Eine weitere Erfahrung erwähnenswerter Natur machte ich mit Grevenbroicher Speise. Zum Kennenlernen verpflanzte sich das literarische Kleeblatt in eine Art Biergarten in einer Art City. Dort tat ich mich an einem Hamburger gütlich, der mir daraufhin so schwer im Magen lag, daß ich schon die Befürchtung hegte, er würde mich, den Schnelleser, während der Lesung noch überholen. Nun, etwas äußerst Ähnliches widerfuhr mir tatsächlich, doch davon später mehr.

Nach Grevenbroich gekommen bin ich wie die Jungfrau zum Kinde, allerdings ohne GV (vielmehr mit ÖPNV). Die Anreise war umständlich und dauerte unnötig lang, weil gute Bahnverbindungen in Gegenden, die bei allem Respekt den Anschein hegen, als wäre es eines Hundes liebstes Pläsier, just dort zur letzten Ruhe gebettet zu werden, für die Deutsche Bahn ein lächerlicher Provinzialismus zu sein scheinen. So für längere Zeit auf sich allein gestellt beginnt man, sein Transportmittel und dessen Umfeld näher zu studieren.

Zunächst das eigene Abteil. Außer mir war dort immer noch der Jugendliche mit dem eingefrästen D. Er sang mit übergestülptem Kopfhörer ein Lied, das von einer Frau namens Agathe zu handeln schien: „Agathe Pauer … Agathe Pauer … Yeah, Agathe Pauer …".

Der Blick aus dem Fenster offenbarte, daß wir Zwischenstation am Rheydter Bahnhof machten. Aufmerksamkeit wurde dort gefordert, ein Schild gemahnte: „Bitte auf Lautsprecher achten". Nun, diese hingen recht hoch, vom Zuginnern aus kaum zu erblicken, nur das übliche, triste Aussehen von Bahnhofslautsprechern wurde dem Reisenden gewahr. Besonders fahrig befestigt sahen sie jedenfalls nicht aus, auch entbehrten sie jeglichen Lebens, so daß ich ausschließen konnte, von ihnen – wie auch immer – angefallen zu werden.

Beim Umsteigen in Duisburg-Rheinhausen hatte ich hinreichend Gelegenheit, die Beschreibsel der Wartehäuschen zu betrachten. Poetische Kleinode, die in ihrer fragilen Subtilität keiner Kommentierung bedürfen: „Ausländer rauß". Schade, schade, ich hatte keinen kacheltauglichen Stift dabei, auch war ich dem pubertären Beschriftungs- resp. Geltungsbedürfnis entwachsen, ich hätte ansonsten gerne daruntergeschrieben: „Legastheniker auch". Man kann dieses Spiel dann natürlich auch soweit fortsetzen – „Linkshänder raus", „Rechtsträger raus", „Vegetarier raus" – bis nur noch, sagen wir mal, Karl Dall und Barbara Eligmann übrigbleiben. Aber vorstellen mag man sich das nicht, daß der Fortbestand der Zivilisation in den Händen bzw. Schößen dieser Menschen liegen würde. Angenommen, Außerirdische kämen in friedlicher Absicht unseren Planeten besuchen und fänden just diese beiden als einzige Zeugnisse menschlicher Intelligenz vor – kurz und klein hauen würden sie die Erde, so sieht es doch aus! Tja, solche Gedanken macht sich wohl jeder einmal während einer Bahnreise. H. G. Wells mußte definitiv ein Vielfahrerticket besessen haben.

Die Ankunft in Grevenbroich war enttäuschend. Was hatte ich es mir doch romantisch ausgemalt, nachdem eine immerhin studierte Person mir erzählte, sie wäre seit langen Jahren nicht mehr in Grevenbroich gewesen, aber die Gegend sei sowieso nicht die freundlichste. Weil es dort so viele Kühltürme gäbe, hülle sich der gesamte Ort unweigerlich in Wolken. Tagein, tagaus sähe man am Grevenbroicher Himmel nichts als nebliges Mischmasch. Ein

deprimierendes, dunstiges Klima durchzöge die Stadt und ich
stellte mir schon alle diese mürrischen, niederrheinischen Origi-
nale in den trübsten Farben vor. Erstmals erahnte ich, wie der
Niederrheiner an seinen Ruf als knurriger Kollege gekommen
war, der depressiv in der Ecke sitzt, als wüßte er, daß das Recht-
schreibprüfprogramm meines PCs „Niederrheiner" nicht kennt,
sie aber liebend gern durch „Niederziehend" ersetzen mag. Was
mich jedoch in der Tat nieder- bzw. runterzog, war das Szenario,
das sich mir bei der Ankunft in Grevenbroich darbot: Die Sonne
strahlte in innigster Manier. He, was ist das denn für eine Art, mit
Vorurteilen umzugehen? Und dann applaudierten die Besucher
der Lesung auch noch alle sehr freundlich, waren vergnügt, gin-
gen richtig mit – wer würde da nicht deprimiert?

Damit der Rückweg nicht langweilig geriet, hatte ich mir etwas
zum Urinieren mitgenommen. Freundlicherweise nahm mich der
Veranstaltungsleiter bis nach Krefeld mit, um mir die Odyssee
mit der Bahn zu ersparen (über die Busverbindung zwischen Krefeld und der Nachbarstadt Moers schweige ich dennoch lieber).
Unterwegs kam ich mir vor wie in London, wo ich einst in der
Subway gestrichen die Blase voll hatte, weil man wegen der frühen Sperrstunde in englischen Pubs seine letzten Biere hinunter-
stürzen muß. Und während nun also mein Mittagessen mir
immer noch wie ein Klops am Bein hing und es in meiner Blase
pressierte wie kurz vorm Dammbruch, fuhr ein Auto mit einem
amtlichen Kennzeichen an uns vorbei, welches mit HH begann.
So hatte mich an diesem Tag denn doch noch ein Hamburger
überholt.

Nachbemerkung:

Den eigentlichen Grund, in Verbindung mit diesem Text sein
Mundwinkelgedöns hochzubekommen, bzw. endlich mal einen
authentischen Einblick in das Gefühlsleben eines Autoren fand
der geneigte Leser bei der Erstveröffentlichung des Textes im Juli
2000 in a) gekürzter Form und b) einer Tageszeitung, in welcher
der Titel in „Die letzte Wurst" geändert und genau darunter mein
fotografisches Abbild plaziert worden war.

Der große Gabe-Lung
Ein Kurzbericht über das Moerser Jazz Festival 2001

Pfingsten. Traditionsgemäß verabreden sich die Regenwolken
über Moers, nachdem die vorangegangenen Tage doch so vielver-
sprechend sonnig waren. Farbenfrohe Gewänder wallen über
zurückschimmernden Pfützen. Dazwischen regen sich Häupter
mit Dreadlocks, in der Sprache der Einheimischen vermutlich:
Fusselköppe. Einer davon heißt Marc-André und hat von den
Jesus Freaks eine Bibel in neudeutscher Sprache geschenkt bekommen. Jetzt steht er an allen möglichen Wegeskreuzungen und liest
daraus vor. Dabei behauptet er, der große Gabe-Lung habe ihn
gesandt. Die kurz darauf an mir vorüberziehende Gruppe junger
Männer singt mit „Harald Krischna" ein ähnlich erfreuliches
Wortspiel. Anderswo wird gerade ein besonderes Mahl absorbiert,
bestehend aus lauwarmen Tortellini. Bastian haucht Wölkchen in
die frische Abendluft. „Guckt mal", ruft er, „ich produziere Rauhreif!" Annika weiß es besser. „Quatsch, Rauhreif sind die Wasser-
tröpfchen, die morgens auf der Wiese sind." Ich verkneife mir,
meine Ambestenwisserei zu artikulieren und trinke mein Bier.
Irgendwoher bekommt man hier immer eins gereicht. Und man
soll nicht meinen, ein Ausflug zum Jazz Festival sei unhygienisch.
Unbesorgt kann man an allem nippen, was einem angeboten
wird. „Trink nur. Ich habe aber Herpes", lauten im Zweifelsfall
freundliche Hinweise, denen man locker entgegentreten sollte:
„Das ist für mich *nicht ausschlaggebend*." Zahlreiche Gelegenhei-
ten, sich zum Klange alternativer Budengassenhauer etwa an fetti-
gem Gemüse oder den Original Wagenburgern (von mir gerne als
Freakadellen bezeichnet) gütlich zu tun, finden sich entlang der
Wege. Am Rumpunschstand wird mir vorgegaukelt, es sei schon
Kirmes. Ich aber lasse mich nicht vergaukeln und entere endlich
das bodenseeblaue Festivalzelt. Hier ist es erstaunlich unstickig,
denn das Zelt ist wie die Musik, die darin zu vernehmen ist: zu
allen Seiten hin offen. The Residents, letzte Band des Festivals,
lassen erst auf sich warten (die ersten „Harald Krischna"-Chöre
heben zwischenzeitlich an) und mich dann finden, daß ein wenig
mehr Restalkohol wünschenswerter wäre. Ihre tonnenschwere
avantgardistische Alpdruckmusik scheint verkünden zu wollen:
Der schöne Traum ist vorbei, Pfingsten zieht sich für fast ein Jahr

aus dem hiesigen Stadtgeschehen zurück. Wehmütig bald mein Blick auf Stapelstühle, ein Sofa, diese psychedelische Luftmatratze, ein halbes Brot, Bierdosen und Decken; meine Schuhe tragen den Staub, der vom Festival blieb, hinaus.

Der Tag danach. Die Stadtbefreakung läßt abrupt nach. Abfallspezialisten im Park sammeln für Asdonkshof, die Müllverbrennungsanlage Ihres Vertrauens. Ich schwebe immer noch in trauter Jazz-Euphorie durch die Innenstadt, als ein Mann, nicht einmal Mitte 50, mich mit einem Satz auf den Boden der Alltäglichkeit zurückzieht. „Mein Gott", kommentiert er das lediglich bunt gestreifte Hemd eines heimischen Jugendlichen, „wie kann man nur so 'rumlaufen!"

Mein Monsterfuß

„Entschuldigung, wie kommen wir zum Aachener Platz?"
Stellen Sie zehn Düsseldorfern diese Frage, Sie werden zehn verschie-
dene Antworten erhalten. Gerne genommen: Halbantworten mit
Option auf Kommunikation, z. B.: „Da fahren Sie jetzt erst mal gerade-
aus bis zur Uniklinik, da fragen Sie dann nochmal nach." Gut ist, wenn
man eine zweite oder dritte Meinung einholt. „Am Kreisverkehr gerade-
aus bis zum zweiten Kreisverkehr, dort dann rechts, durch die Unterfüh-
rung, …" – „Am Kreisverkehr rechts, dann sind Sie schon fast da." –
„Zurück auf die Autobahn, dann die nächste Abfahrt raus."
Schlußendlich haben wir den Trödelmarkt denn doch gefunden.
Andreas hat sich dort eine einarmige, weibliche Schaufensterpuppe
gekauft. „Wollte ich eigentlich gar nicht, aber ich habe ein bißchen
gefeilscht und dann war die so billig, nur siebzehn Mark, da mußte
ich dann zugeschlagen!"
„Wie nennst du sie denn?"
„Puppe."
„Nur Puppe?"
Wir zerlegen Puppe in zwei Teile, wobei mir das Vergnügen vorbehalten
bleibt, den Unterleib zu transportieren, was am besten durch einen
beherzten Griff in den Schritt zu bewerkstelligen ist. Andreas hat zwei-
felsohne seine Freude dabei, Puppes Oberkörper durchs Gewühl bis zu
seinem Auto zu tragen, verfügt dieser doch über zwei sehr handfreundli-
che Griffmöglichkeiten. Was uns unterwegs entgegenkommt, sind aus-
nahmslos fröhliche, vor Erheiterung berstende Menschen. So einfach ist
das also. Man müßte es schier öfter tun, in aller Öffentlichkeit mit Pup-
pen spielen, dann kommt die unschuldige, kindliche Freude der Leute
wieder zum Vorschein und die wehe Welt vergißt für einen mummeli-
gen Moment, wie unfreundlich es eigentlich um sie steht.

Trödelmärkte sind einfach ein herzerfrischender Quell der Erbaulich-
keit. Unfeine Zungen behaupten ja ohnehin, ich neigte zum Trödeln.
Ich halte Trödelmärkte jedenfalls für eine gelungene Form der Vergan-
genheitsbewältigung. An jedem Stand blühen die Erinnerungen, vor-
nehmlich die der Händler, und für den aufmerksamen Besucher ist dies
eine Reise in die Welt der Phantasie (was sich auch in mancher Preisge-
staltung widerspiegelt). Dort findet man alles, was man selbst ebenfalls
loswerden wollen würde. Manchmal erspäht man aber auch wirklich

putzige Dinge, längst veraltete Bücher mit Titeln wie „Bewusst fruchtbar sein" oder seltene Schallplatten aus Klingelanstrich (also gut: Schellack), die in der prallen Sonne ihrer Käuferschicht harren – Mein Tip: Bringt doch euren Plattenschatz besser an den Schattenplatz!

Am interessantesten sind jedoch die vielfältigen (und zuweilen vielfaltigen) Trödelmarktgesichter. Überall wimmelt es von mehr oder minder markanten Menschen, ein Haufen wild durcheinander wuselnder Schaben, die das Glitzern in den Augen wohnen haben. Geduldige Gatten geben geistlos guckenden Gemahlinnen ein paar Euro zum Verkitschen. Vor Ständen mit Schmuck und Kurzwaren reben sich Menschentrauben, der gröbere Kitsch wird hauptsächlich von älteren Leuten mit Neigung zu Hautfalten konsumiert (folgerichtig müßte hier von *Menschenrosinen* die Rede sein).

An einem Stand mit zwei hübschen, jungen Trödlerinnen muß ich stehenbleiben. Da ich mich nicht des Menschenhandels erdreisten mag und es weder originell noch gesellschaftlich vollends akzeptiert ist zu fragen: „Was soll denn die Verkäuferin kosten?", disponiere ich um und erkundige mich scheinbar drastisch interessiert nach, nun, ausgerechnet diesen godzillagrünen Filzpantoffeln mit eingebauten Monsterkrallen. Es entwickelt sich ein angenehm anregendes Verkaufsgespräch, bis im Hintergrund eine mir bekannte Stimme zu krähen beginnt: „Bisse wieder am Flörten? Vergiß nich, nachher die Telefonnummern auszutauschen, nä?" Andreas ist ein echter Romantiker. Nun, zumindest ein Realist. Und er hat mich völlig rausgebracht, ich verliere den Faden, mein Verhandlungsgeschick schwindet und zack! habe ich die Monsterfußpantoffeln erworben. Mein Gegenüber ist sichtlich erfreut, sie losgeworden zu sein, ihre Dankesworte erheben mein Schläppchen-Schnäppchen zu einem geradezu heroischen Kauf. Das rührt mich zwar, aber erstens sind die Dinger, mal ganz von ihrer gewöhnungsbedürftigen Ästhetik abgesehen, meiner gehobenen Schuhgröße nicht zuträglich und zweitens haben wir die Telefonnummern natürlich *nicht* ausgetauscht.

Zum Glück ist bald schon wieder Trödelmarkt. Da kann ich mir ja auch mal einen Stand mieten. Im Angebot haben werde ich eine Menge Erinnerungen, die Geier-Sturzflug-Single wie den Plastik-E.T., die Captain-Future-Bände und natürlich die grünen Filzschlappen. Womöglich schauen dann auch die netten Trödlerinnen mal bei ihrem Monsterfußpantoffelhelden vorbei, wer weiß …

Moyland

Für mich kein Neuland

Als Kind schritt ich noch durch Ruinen,
wie mein Backenzahn erschienen
sie und machten mich beklommen,
zu gern hätt' ich was mitgenommen.
Im Grase lagen ein paar Zinnen,
sehr viel Schutt lag weiter innen,
Weidenkätzchen blühten froh,
Erinnerungen ebenso.*

Dann wurd' der Zahn der Zeit gezogen,
das Schloß wieder zurechtgebogen.
Heute hat man dort bedrängt
den guten Seppl Beuys gehängt,
Werk an Werk, dicht an dicht,

alles ist Kunst, bloß eins ist nicht
lustig wie Demokratie:
Der Weg zur Kunst ist hart, und wie!

Denn dort bekommt man, muß man wissen,
Sachen an den Kopf geschmissen,
beispielsweise ein Klavier.
Wer so was wirft, der hat doch schier
in die Fettecke getreten,
hilft nur lachen oder beten
& mitmachen, denn Kunst ist frei.
Nur: Sei nicht traurig – Beuys don't cry.

* Reim geklaut bei Harry Boh

Christian Behrens

Es ist allgemein bekannt, daß der Niederrhein eine bewegte Geschichte hat. Germanen und Römer haben ihre Spuren hinterlassen, und zahlreiche Sagen und Geschichten berichten von ihren Heldentaten im flachen Land.

Jüngste Ausgrabungen in den Friemersheimer Rheinauen haben jedoch bewiesen, daß im Mittelalter auch andere Volksstämme wesentlich zur Entwicklung unserer Region beigetragen haben, allen voran die Angelsachsen und einer ihrer berühmtesten und vornehmsten Vertreter, von dessen großen Taten am und für den Niederrhein ich im folgenden berichten möchte:

Der edle Ritter Lanzelot

Einst saß ein Bettler dort am Weg,
er wirkte müd, er wirkte träg,
auch schaute er schon ziemlich schräg
und sprach zu sich: „Ich sterb vor
                                    Hunger,
wenn ich noch länger hier rumlunger…"
Da ritt Herr Lanzelot herbei
mit einem Brot, genug für zwei.
Der Bettler rief in seiner Not:
„Oh Herr, gebt mir ein Stückchen Brot!",
doch dieser sprach: „Ich brech es nicht;
nimm hin dies köstliche Gericht;
ich bin der Ritter Lanzelot
und schenke Dir das ganze Brot!"

Das war die erste Episod
vom edlen Ritter Lanzelot,
der einstmals wüst und wie der Wilde
Gutes führte in sein'm Schilde
und armen Leuten half zur Not,
wann immer sich die Schanze bot.

Es ritt dereinst ein schwarzer Ritter
durch's weite Land, er schaute bitter

und bös aus seinem Ritterhelm;
ich sag's Euch gleich: Es war ein Schelm!
Er ritt, so gut man reiten kann,
und eines Tages traf er dann
Herrn Lanzelot an einem Bach
und sagte: „So ein Zufall, ach …
seid Ihr nicht der verehrte Herr,
wie heißt Ihr gleich; ich weiß nicht
                                    mehr? …"
„Ich? Lanzelot!" sprach dieser da;
„Genau!" sprach jener „Ist doch klar:
Ihr seid der Ritter Lanzelot,
der armen Leuten hilft zur Not!
Könnt Ihr auch mir behülflich sein?"
„Bestimmt!" sprach Lanzelot, „Ist kein
Problem, wenn Ihr mir sagt,
wo Euch das harte Schicksal plagt!?"
„Nun ja, ich hab mein Schwert
                                    verloren …"
log da der Schwarze unverfroren
„und brauch bis morgen dringend eins!"
„Na gut", sprach Lanzelot, „nehmt meins!
Ich kann es Euch bis übermorgen
oder sogar bis Montag borgen,

und wenn's bis dahin nicht gelingt,
reicht's, wenn Ihr's Dienstag wieder-
                                bringt …"
Er reichte ihm das Schwert samt Scheide,
worauf der grundverdorb'ne Heide
es zügig zog und nach ihm stieß.
„Du böser Bub, was bist Du mies,
Du kannst mich haben, und zwar gern,
ich zeig' Dir meinen Morgenstern,
denn Du bist wirklich hundsgemein,
drum darf ich heut nicht edel sein
und schlage Dir den Schädel ein!"
sprach Lanzelot und haute zu;
da gab der schwarze Ritter Ruh,
und Lanzelot nahm sich sein Schwert
und ritt davon auf seinem Pferd.
So lassen sich Probleme lösen
in guten Zeiten und in bösen …

Das war die zweite Episod
vom edlen Ritter Lanzelot,
der einstmals wüst und wie der Wilde
Gutes führte in seinm' Schilde;
nur böse Buben schlug er tot,
wann immer sich die Schanze bot.

Der Ritter Lanzelot ritt weit,
und eines Tages war's soweit:
da kam er um die Abendstunde
zum Schloß von Fräulein Kunigunde;
das Fräulein frug: „Wer da, wer da?",
weil es schon ziemlich dunkel war.
„Ich bin's, der Ritter Lanzelot,
der vor Euch steht im Abendrot!"
„Seid Ihr alleine, sind's noch mehr?
Verzeiht, ich fürchte mich so sehr,
denn böse Buben war'n vor Wochen
in die Gemäuer eingebrochen."
der Ritter rief: „Ich bin allein!",
das Fräulein sprach: „Dann kommt
                                herein,

ich hab noch guten roten Wein!"
Die Nacht war jung, die Nacht war lau,
der Ritter trank, bald war er blau
und ihm gefiel die süße Frau.
„Jetzt" lallte er, „geh ich auf's Ganze!"
und führte sie sodann zum Tanze.
Er wankte und er wiegte sich
in Sicherheit, sie schmiegte sich
an seine dichtbehaarte Brust,
und weiter unten wuchs die Lust
zu einer schönen Schäferstunde
mit Edelfräulein Kunigunde,
denn was sie ihm beim Tanze bot,
gefiel dem Ritter Lanzelot.
Seine Gefühle regten sich,
und wie von selbst bewegten sich
die beiden in Ihr Schlafgemach;
er küßte sie, sie seufzte „Ach…",
und voll Verzückung sank sie hin
und hauchte schmachtend: „Ich bin
                                Din!"

Nach einer kurzen Tändelei
machten die zwei sich völlig frei
und wurden – was schon mal passiert –
bald hemmungslos und ungeniert …
Als sich dem Ritter Lanzelot
die zärtliche Romanze bot
da wurd' der Ritter Lanzelot
dann ausnahmsweise ganz devot,
und schon war er bei Kunigunde
bald ganz und gar in aller Munde.
Dann ging es drunter, drüber, drauf;
des Schicksals weiterer Verlauf
war nun nicht länger aufzuhalten;
was keimt und sprießt, muß sich
                                entfalten:
So floß des Ritters jüngster Sproß
auch bald in Kunigundes Schoß …
Kaum kam der edle Rittersmann,
da fing es zu gewittern an,
und unserm Ritter Lanzelot

wurd' plötzlich seine Lanze rot …
Nanu, was war denn nun passiert?
Zuerst hat er es nicht kapiert;
ihm wurde bang und immer banger
und Kunigunde wurde schwanger.
„O allerliebste Kunigunde,
ich wollt' nicht, daß ich Dich verwunde!"
sprach er und nahm sie in den Arm,
„Ich weiß nicht, wie es dazu kam!?"
„Mein Schatz!" sprach sie und sah ihn an,
„Du hast mir gar nicht weh getan,
Du zeugtest grad ein Lanzelötchen;
nun iß erstmal ein ganzes Brötchen,
daß Deine Kraft im ganzen reiche
für viele solcher Lanzenstreiche!"

Das war die letzte Episod
vom edlen Ritter Lanzelot,

denn jeder weiß: Nun ist es aus,
und unser Ritter hockt zuhaus
unter der Fuchtel seiner Frau
und sieht nur in der Tagesschau
aus vollgeschrieb'nem Pergament,
daß man ihn nun den Ritter nennt,
der unter weiblicher Gewalt
verkam zu trauriger Gestalt.

So hört als Rat aus meinem Munde
die alte Weisheit und die Kunde:
Ihr Ritter! Flüchtet Kunigunde
und jedes Weib aus ihrem Bunde
sogleich nach jeder Schäferstunde,
sonst geht Ihr kläglich vor die Hunde,
und aus der stolzen Tafelrunde
wird eine schlimme Schwafelstunde!!! …

Besenrein

Tür auf.
Besen rein.
Tür zu!

Die Grille

Die Grille zirpte Tag für Tag,
weil eine Grille das so mag.
Auch zirpte sie sehr gern bei Nacht,
weil eine Grille das so macht.
Warum, das wußte sie nicht recht,
und dabei zirpte sie nicht schlecht.

Ganz ähnlich ging es nebenan
auch einem feschen Grillenmann;
der fragte sich: „Wozu ist's gut,
wenn man alleine zirpen tut?"

Drum lief er los und zirpte wild
und traf sodann sein Ebenbild
von edlem weiblichen Geschlecht,
das sprach: „Du kommst mir gerade recht!
Hast Du ein schönes Grillenloch?",
da sagte er: „Besuch mich doch!"
Gesagt, getan: sie kam zu ihm,
und bald schon wurden sie intim
und ließen es so richtig krachen:
„Los", sprach sie, „laß uns Hochzeit machen!"
„Ich will!" sagte der Mann zur Grille,
das war dann auch sein letzter Wille …
Drum prüfe, wer das Jawort zirpt,
ob er sich nicht den Spaß verdirbt!

Ein Hauch von Glück

Es war ein herrlicher Tag auf den Weiden
und die güldene Sonne schien nicht nur zum Schein;
die Brüste der Mädchen strotzten vor Sommer;
ich glaubte, im Paradies zu sein …

Und ich wünschte mir zu sterben,
just in jenem Augenblick,
hinterließ' ich meinen Erben
doch nichts
als einen Hauch von Glück.

Es war ein seliger Tag auf den Weiden
und der Herrgott im Himmel war nicht mehr allein;
selbst die Engelein schienen ihr Fleisch zu spüren;
ich glaubte, im Paradies zu sein …

Und manch guter alter Heide
wurde plötzlich religiös,
sprang jubelnd von des Messers Schneide,
und der Teufel
war nervös.

Es war ein heiliger Tag auf den Weiden,
denn die Liebenden konnten den Toten verzeihn;
ich hatte den Verstand verloren
und glaubte, im Paradies zu sein …

Und ich wünschte mir zu sterben,
denn – just in jenem Augenblick! –
hinterließ' ich meinen Erben
nichts
als einen Hauch von Glück.

Komm, mein Liebchen, geh …

I. Du wohnst weit auf der anderen Seite,
doch ich singe mein Lied übern Fluß,
und der Wind überwindet die Weite,
weil ich will, daß er tut, was er muß,
und er weht, und Du wirst ihn empfangen,
und er flüstert mein Lied in Dein Ohr,
es erzählt von Verlust und Verlangen,
und es kommt Dir so frühlingshaft vor:

Komm, mein Liebchen, komm über das Wasser;
ich hab Dir eine Brücke gebaut,
und der Frühlingswind sagte mir, daß er
heute seinen Gefühlen vertraut;
komm, solange die Blumen noch blühen,
komm, solange mein Herz Dich noch zieht,
komm, ich will mich nicht ewig bemühen,
und zuende geht mein Lied …

II. Du kamst weit von der anderen Seite,
denn ich sang Dir mein Lied übern Fluß,
und der Wind wehte über die Weite,
was er tat, weil er tut, was er muß,
und Du wirst ihn auch heute empfangen,
und er ruft Dir mein Lied in Dein Ohr,
es erzählt von Verlust und Verlangen,
und es kommt Dir so winterlich vor:

Geh, mein Liebchen, geh über das Wasser;
ich hab Dir eine Brücke gebaut,
und der Winterwind sagte mir, daß er
heute seinen Gefühlen vertraut;
geh, solange die Früchte noch schmecken,
geh, solange Dein Herz Dich noch läßt,
geh, wir werden den Frühling entdecken,
und dann feiern wir ein Fest! …

Schau Dir den Himmel an!

Schau Dir den Himmel an,
Du meine kleine weiche weise Freundin:
so mannigfaltig Sterne in den Rängen,
daß mir mein Herz vor Freude schier zerbirst.

Schau Dir den Himmel an,
Du meine holde herrliche Gespielin:
die Sonne steht in ihren hohen Tagen
so fern von Leid, daß mir die Seele brennt.

Schau Dir den Himmel an,
Du Spiegel meiner seligen Visionen:
der Mond lenkt truglos irdische Gezeiten,
daß seine Kraft der Wellen Kämme krönt.

Schau Dir den Himmel an,
Du Göttin im Ornat des Regenbogens:
der Wind treibt Herden über seine Weiden,
die ohne Furcht in Deinem Glanz vergehn.

Schau Dir den Himmel an,
Vertraute meiner wahr geword'nen Träume:
so maßlos reich schenkt er uns seine Güter,
daß unsre Liebe blüht in aller Pracht.

Schau Dir den Himmel an,
Du Quelle meiner weisesten Vergehen:
nimm seinen Segen ohne viel Bedenken,
daß unser Glück in seinem Sinne sei!

Sichtweisen

Eine süße Bisamratte
und ihr Bisamratten-Gatte
schwammen durch ihr kleines Reich
bei Rheinhausen hinterm Deich.

„Ach, wie glücklich könnt ich sein
hier am schönen Niederrhein,"
sprach die Frau zu ihrem Manne
„wärst Du nicht so schrecklich panne
(tut mir leid, daß ich's erwähne):
Ständig bleckst Du Deine Zähne
und versaust mir meine Tage,
so daß ich mich langsam frage,
ob wir wohl zusammen passen
oder ob wir's lieber lassen!? …"

„Du mein Liebchen, hör mich an!"
sprach darauf der Rattenmann,
„Daß Du es auch nie kapierst:
Wenn Du mich so provozierst,
liegen meine Nerven blank,
Dein Geschwätz macht mich ganz krank
und mein Magen dreht sich um;

weißt Du wirklich nicht, warum
ich mich manchmal selbst erschrecke,
wenn ich meine Zähne blecke???
Glaub mir, daß ich Dir nichts tue,
läßt Du mir nur meine Ruhe …!"

„Ruhe kann ich nicht gebrauchen!"
fing die Rättin an zu fauchen
„Penner-Männer sind mir schnurz;
das Leben ist schon so zu kurz!!!
Ich such mir einen andern Mann,
der mich zufriedenstellen kann!"

„Es wär" sprach er, „auch sicher schlau,
sucht' ich mir eine andr'e Frau,
obwohl ich Dich noch immer liebe
und gern mit Dir zusammen bliebe;
das Spiel ist aus, ich fürchte bloß,
es geht von vorne wieder los!? …"

Bevor wir die Atlanten kannten

Bevor wir die Atlanten kannten,
fanden wir Atlasse klasse,
in die dicken Lexiki
schauten wir dagegen nie.

Doch in der Pflanzen Botaniken
konnten wir voll Freude blicken:
hier findet man im Überflusse
Tropenblumen und Kaktusse

Bei den Enziklopedeien
lohnte es, sie auszuleihen,
denn die Floren und die Faunen
haben wundervolle Launen:

So sitzen die Chamäleonne
gerne in der Tropensonne,
wohingegen manche Tieren
nicht mal in der Arktis frieren.

Nachts im Traum bekam ich Spaß
mit einer Horde Dromedars:
Wir ärgerten die Beduinen
und spuckten auf ihre Turbinen.

Auch lief ich, um mich anzuspornen,
im Wettbewerb mit den Nashornen,
da kam von hinten ein Gazeller;
der war dann doch ein bißchen schneller.

Eine Herde großer Gnue
wollte wissen, was ich tue,
und ein Schwarm rosa Flamingen
fing ganz plötzlich an zu singen …

Dann war der Traum schließlich zuende,
verlief sich in der Wüste Sände,
und übrig blieben nur die Qualen
mit dem Gebrauch von den Pluralen.

… nun zähl' ich lieber wieder Schafen,
dann kann ich etwas länger schlafen …

Das gute Recht der Stubenfliege

Ich fing die kleine Stubenfliege mit einer geschickten Bewegung meiner rechten Hand und warf sie zum Fenster hinaus. Noch im Flug wandte sie sich um und kehrte zu mir zurück. Empört fragte sie: „Warum wirfst Du mich hinaus?"

„Weil ich allein sein möchte und außerdem nichts abgeben will von meinem Käsebrot" sagte ich.

„Dazu hast Du kein Recht!" empörte sie sich, „Ich bin eine Stubenfliege und gehöre hierher!"

„Nichts gehört hierher außer ich und mein Käsebrot!" konterte ich.

„Ja, dafür sehe ich Dich an!" schimpfte die kleine Fliege erbost, „Sich in seiner Küche einschließen mit einem Käsebrot und die Verantwortung abwälzen auf andere!"

„Welche Verantwortung?" fragte ich.

„Die Verantwortung für Dich und für mich und für die ganze Welt!"

„Warum habe ich die Verantwortung für Dich und die ganze Welt?" fragte ich.

„Weil es Dich gibt!" sagte die Fliege, „Dich und Deine Stube und Dein Käsebrot! Man kann sich nicht einfach so aus der Verantwortung stehlen, wenn es einen gibt!"

„Keiner?" fragte ich.

„Keiner!" sagte die kleine Stubenfliege und machte Anstalten, zurück in den Raum zu gelangen.

„So haben wir nicht gewettet!", sagte ich und versuchte, so schnell wie möglich das Fenster zu schließen.

„Wir haben überhaupt nicht gewettet!" sagte die kleine Stubenfliege, nachdem sie durch den letzten Spalt ins Zimmer gelangt war, und setzte sich auf meine Schulter.

Der Tenor des Gedichts oder das Ende vom Lied

Der Tenor ist ein schmucker Mann,
der außerdem noch singen kann;
das macht die Frauenwelt ganz selig
und den Tenor unwiderstehlich.

Ganz anders fangen beim Sopran
die Mannsbilder zu träumen an,
und mancher fragt sich ganz benommen:
Kann sie noch etwas höher kommen?

Dagegen zeigt sich dann beim Alt
das Weib in seiner Urgewalt
und hat – bei aller Leidenschaft –
den meisten Männern zuviel Kraft.

Dagegen lobt der Bariton
die starke Frau im höchsten Ton;
auch ihm entströmt des Klanges Fülle
aus einer wohlgeformten Hülle.

Für sein Ertönen braucht der Baß
die Resonanz von einem Faß,

er ist massiv und wohlgesetzt
und wütend, wenn ihn jemand hetzt
und läßt sich darauf nur versöhnen
von einem zarten, wunderschönen
ganz Fleisch gewordenen Sopran:
das Fräulein hat's ihm angetan,
das eben oben dem Tenor
noch unbedingte Treue schwor…

Nun ja, man kann nicht alles haben,
denn auch der Stimme Gottesgaben
tönen halt nur aus Fleisch und Blut,
und Mensch bleibt Mensch, und das ist gut!

Das ist der Tenor des Gedichts,
der Sänger singt's, der Dichter spricht's,
und wenn er seine Schlüsse zieht,
ist es das Ende – auch vom Lied!

Die zweite Chance

Die süße kleine Biene flog
zur Blume, die sie grad betrog
mit einem schönen Schmetterling,
den darauf eine Spinne fing,
die ihrerseits von einem Star
bald ganz und gar gefressen war.
Den Star fraß in der Nacht darauf
die große alte Eule auf;
die hat ihn leider nicht vertragen,
denn Stare liegen schwer im Magen,
drum fiel sie tot von ihrem Ast
und hat die Blume knapp verpaßt,
die drunten auf der Wiese wuchs;
da flog die kleine Biene flugs
herbei und sprach: „Du meine Pflanze!
Was hat denn nun die große ganze
Geschichte für eine Moral?

Ist es denn wirklich ganz egal,
daß mich mein Blümchen hintergeht
und trotzdem froh im Leben steht?"
Das Blümlein sprach: „Mein Bienchen Du!
Ich schwör, daß ich's nie wieder tu!
Ich will von nun an ehrlich sein
und Dir gehören, ganz allein;
hast Du auch manchmal einen Stich,
mein Bienchen Du, ich liebe Dich!"
„Na gut, ich pfeif auf die Moral;
probieren wir's halt noch einmal!"
summte das Bienchen darauf leis
und gibt uns damit den Beweis:
Manchmal will uns das liebe Leben
auch eine zweite Chance geben!

Schmetterlinge im Bauch

Ich lag mit Dir auf einer bunten Sommerwiese und sprach:
„O mein Schatz, ich liebe Dich so sehr; ich habe Schmetterlinge im Bauch!"
„Ich auch!", hörte ich eine Stimme neben mir, und als ich aufsah, blickte ich
geradewegs in ein großes Spinnennetz.

Über's Jahr

Der Winter ging, und ich empfing
Dich voller Freude im Frühling.
Der Sommer kam, und es war warm,
als ich Dir Deine Unschuld nahm.
Der Herbst brach an, und irgendwann
zogst Du mich nah an Dich heran
und sprachst: „Mein Liebster, über's Jahr
wird gestern sein, was morgen war."

Der Winter weicht, und uns erreicht
die Frühlingsbotschaft, daß vielleicht
im Sommer schon ein kleiner Sohn
geboren wird als Liebeslohn.
Der Herbst beginnt, die Welt gewinnt
an Wunder durch ein kleines Kind.
„Mein Liebster," sagst Du, „über's Jahr
wird gestern sein, was morgen war."

Der Winter geht, und es verweht
der Frühlingswind, und es wird spät
im Sommer sein, wenn Du allein
an meinem Grabe stehst und kein
vertrauter Herbsttag kommen mag,
dann weine nicht und bitte sag:
„Mein Liebster, glaub mir, über's Jahr
wird morgen sein, was gestern war …"

Uwe Brosch

Herbst am Niederrhein

Vor dem Fenster brennen die Bäume.
Ein Tag, Krähen jagen zu gehn,
über niederrheinweite Felder und Räume
und Windmühlen, die sich noch drehn.

Fahrradfahrer schnurren in Rudeln
an mir vorbei Richtung Rheurdt.
Schwarzweiß auf grün käuende Kühe.
Zum Muschelessen wird eingekehrt.

Und mir klingt Rilkes Herbst sanft wie von weit,
lädt zum Tagträumen ein.
Uhrlose Zeit und in allem ein Schwindel.
Wie sollte es anders sein?
Eine Wolkenzugprozession
feiert die Langsamkeit
über diesem Niederrhein,
über Menschenglück, Menschenleid
mit unendlicher Leichtigkeit.

Kopfweidenidylle, die Römer in Xanten.
Düsseldorf, unser Babylon.
Familienclans mit tausend Verwandten
in Baerl, Vluyn und auf und davon.

Sture Köpp und Geschichtenerzähler,
manch Fremdenverkehrsvision.
Klompenball und die Kirmes in Moers,
Zeitgeistsurfing und Innovation.

Doch mir klingt Rilkes Herbst sanft, wie von weit,
lädt zum Tagträumen ein.
Uhrlose Zeit und in allem ein Schwindel.
Wie sollte es anders sein?
Eine Wolkenzugprozession
feiert die Langsamkeit
über diesem Niederrhein,

über Menschenglück, Menschenleid
mit unendlicher Leichtigkeit.

Vor dem Fenster brennen die Bäume.
Ein Tag, Krähen jagen zu gehn.
Caspar David – Blick auf die Menschlein,
die im Herbstwind auf Deichen stehn.

Der Niederrheiner

Der Niederrheiner
gedeiht im Großen und Ganzen
im Flachen und Feuchten
und hört gerne Hüsch
in der Küche am Tisch.

Spürt uhrlos ein Ticken
in den Wolken die zieh'n
über den Feldern –
doch lassen wir ihn
(denn Klischees sind für Laien)
im Großen und Ganzen
jetzt weitergedeihen.

Plunderlied

Ich erzähl dir ein Märchen,
aber lach mich nicht aus,
also: Es war einmal

ein uralter Fiedler
in einem uralten Haus,
plunderwunderwahr.

Der spielte dem Mond auf dem Dach.
Der spielte der Sonne danach.
Der spielte sich müde und auch wieder wach.

Er sammelte Muscheln,
er hörte das Meer,
er hatte ein Grammophonrohr.

Gauklermusik
zwischen Krimskrams und Dings,
sie waren ihm Sprache und Ohr.

Und manchmal verlief sich ein Kind
und wurde, wie Kinder sind:
ganz wunderbar plunderwahrnah.

Der Fiedler spielte,
das Kind sang ein Lied
mit allerlei kunterbunt Reim.

Es wurde Laterne,
dann lachender Schuh,
ohne verzaubert zu sein.

Und musste es wieder nach Haus,
dann spielte der Fiedler dem Mond
und der Sonne danach; sich müde und wach.

Familienfeier

die alte Leier
mit Leichen im Keller
und Lachs auf dem Teller
und Mienen zum Spiel,
Fettnäpfchenparcour
zu lautem Gelächter
und Blick auf die Uhr.

Empfindsame Seelen,
die sich zerquälen.
Furchtbares Mühen,
es gibt kein Entfliehen.
Erwartungen bellen
und niemand kann wählen
mit Schweiß auf der Stirn
und Amok im Hirn.
Doch domestiziert,
damit nichts passiert.

Ja, prächtig die Kleinen!
Nein, sind sie gewachsen
und so talentiert.
Nun lasst doch die Faxen!
Dann spielen sie Geige,
ein Liedchen im Chor
zu Muttis Geburtstag.
Ein Bach. Volles Rohr!

Gespräch mit dem Schwager.
Der Götz hätt' das Wort
zu den Sprüchen auf Lager!
Ich schweige vor Ort,
zitiere im Stillen
den Satz fort und fort.

Die Tochter von vierzig
wird wieder ganz klein.
Sie grollt zwar und wehrt sich,
doch schnappt dabei ein.
Und Vater wird fuchtig:
Sind *wir* wieder Schuld?
Und dann richtig wuchtig
ganz ohne Geduld:
Du sei besser still
und hör auf zu lästern!
Dein Gerede von Gestern
kannst du dir sparen!
Sind wir im Klaren?

Am Ende hat alles
ein Ende. War nett.
Man nimmt endlich Abschied
von dem Korsett.
Erleichtert und dankbar.
Das muss man verdauen.
Jetzt nichts wie nach Hause,
um wiederzukauen.

Musikalisches

der pianist
die finger fühlen, schmiegen, tasten,
steigern sich, ohne zu hasten
ins andante

geben dem allegro sporen,
schweben andachtsvoll
durchs air

und dann wieder bluesig, jazzig,
traurigfroh und äußerst lässig
gleiten sie mitternachtsverträumt
in ein blaues ungefähr

Eine Flöte hatte Töne
und zwar wunderschöne.

Spielte da die Nachtigall
in der Morgenröte?

Sie schlief. Sie war's auf keinen Fall.
Es war im Sumpf die Kröte.

Streichereinheiten
Die Geige sprach zum Cello:
Ich fühle mich so froh,
so leicht und voller Dur!
Sag mir, wie kommt das nur?

Es lächelte das Cello
darauf in wärmstem Moll:
Woher das kommen soll?
Hauptsache, es ist wahr.
Ich find es wunderbar!

pleite in bar

ihr blick tötet
errötend
trägt er seine absicht
als leiche
gestelzt und hinaus
aus der bar
dort lässt er die bleiche
wie müll
einfach liegen
und fährt sich
mitternachtsgeil
durchs gockelnde haar

So nett

Es ist so nett, mit euch lauwarm zu plauschen.
So seicht mit Wein leicht um den heißen Brei
zu schwätzen in gekonnter Litanei,
und zwischendurch hört man die Spülung rauschen.

Zu später Stunde werden Sätze blanker.
Die Meinung kreist: Ein Hai nun, ganz Gebiss.
Das Lächeln wird nervös und ungewiss.
Der faule Frieden – lang zum Himmel stank er!

Und es wird klar: Verlogenheit, die hielt.
Nun schießt sie vor und sucht und trifft und zielt
mit Worten, die nichts sind als kein Gespräch.

Für mich ist Schluss. Vorbei und ausgespielt.
Hab viel zu lang schon auf die Uhr geschielt.
Die tote Zeit, die ist es, die ich räch'!

Lebenslanger Lehrer

Er meint.
Sein Lieblingswort ist *man*.
Verneint,
was er nicht kennt und kann.
Hat stets und immer Recht
und wär die Welt wie er,
dann wär sie nicht so schlecht.

Er trägt
sein Kreuz mit weißer Weste.
Und will
für alle nur das Beste.
Es lebt sich eben schwerer
als lebenslanger Lehrer.

der geschichtenerzähler

seine kunst ist
der gleichgewichtssinn mitten
im schwindel

Die Uhr und die Zeit

An der Uhr kam die Zeit
zufällig vorbei.
Da prahlte die Uhr,
wie pünktlich sie sei.

Immer genau!
Und immer korrekt!

Das hat den Unmut
der Zeit geweckt.

Sie ließ die Uhr
ganz einfach stehn.
Ganz leicht, so im
Vorübergehn.

Träumer

Er sieht die Welt
wie sie ist.
Das, was zählt
und nicht hält.
Alles trist.
Nun macht er
Geschäfte mit der Luft
dieser Schuft!

geschichtliches

das war ist zwar kein ist,
doch ist, wenn ist vergisst,
dass war nun einmal war,
(und ist so auch gebar)
das ist sehr trist nicht nur –
es scheißt auch aufs futur.

menschlich ist alles
kein zügel am zaum

mitmenschlichkeit
das ist der traum

Die Forelle

Absinth floss unter Weh und Ach in einen Bach.
(Es war ein ganzer Liter)
Das traf den Penner, der sehr fror und ihn verlor,
natürlich tief und bitter.
Der fluchte ohne Ende und grölte mit Radau.
Die Forelle doch im Bach, die wurde völlig blau.

Ein Angler warf den Haken, samt Wurm, am nächsten Tag
in eben jenen Bach, in dem Forellchen lag.
Die sah den Leckerbissen, (wenn auch sehr verschwommen)
doch wollte ihn nicht missen, und biss, ihn zu bekommen,
(noch viel zu blau) daneben – und blieb so am Leben!

Briefmark

Briefmark erschrak und bebte
noch lange tief und schwer,
weil er im Traum erlebte,
was alphaft vor ihm schwebte:
Es leckte ihn von hinten
mit feuchtem Spuckeschwunge
ungemein vulgär
eine Knoblauchzunge!

Der Reißverschluss

Man riss ihn auf.
Man riss ihn zu.
Man riss ihn hin.
Man riss ihn her.
Bis nichts mehr
ihn noch hemmte
und er klemmte.

Frühling

Ein Schmetterling hatte die Güte
und setzte sich auf eine Blüte.
Die war aus Plastik (wie bescheuert!),
doch auch der Falter, grell und frech,
war nur aus Blech und ferngesteuert.

Kuh weidet Wiese.

Was denkt das Gras?
Denkt es, das war's?

Ticken

Und heute, da ist es
wieder da.
Ist es einfach wieder da.
Dies uhrlose Ticken,
dies uhrlose Ticken,
ist einfach da.

Ich lauf durch die Stadt.
Ich trinke ein Bier.
Ich seh eine schöne Frau.
Ich gehe ins Kino.
Ich kaufe mich satt.
Doch dies Ticken tickt
so uhrlos und genau.

Was ich auch versuche,
es bleibt und es tickt.
Da hilft auch kein Gebet.
Ich zappe durchs Programm.
Ich spüle Geschirr.
Es ist schon sehr spät.

Ich lese ein Buch.
Ich warte auf dich.
Laue Nacht, mitten im Mai.
Jetzt noch ein Bier.
Und dann dein Gesicht! –
Vielleicht geht dies Ticken
noch einmal, noch einmal
vorbei …

sehnsucht

sehnsucht
du alte

tausendgesichtig

wolke und fels

am ende vielleicht
eine weiße sonne

dein auge
das licht

Okko Herlyn

Am Anfang war's nur ein Gerücht

Am Anfang war's nur ein Gerücht,
ein querer Blick, ein Fremdgeruch,
bald ein betretenes Gesicht,
dann schon ein flinker Urteilsspruch,
zuletzt ein kleines Volksgericht.

Ich weiset nich, ich weiset nich,
doch irgendetwat stimmt da nich.

   Jou, ich hab au sowwat gehört,
   dat lief schon längre Zeit verkehrt.

Wie, woher weiß du dattan schon?
Da wusst ich selbst ja kaum wat von.

   Ich misch mich ja nich gerne ein,
   doch kann da wat nich richtig sein.

Dä sieht doch schon so komisch aus.
Und die, wann kütt die dann nach Haus?

   Und ersma denen ihre Blagen,
   da kannze gar nix mehr zu sagen.

Da hasse Recht. Wo käm wer hin,
wenn jeder hätt sein eigen Sinn?

   Genau. Ich habbet gleich gesacht
   und mir direkt wat bei gedacht.

Du auch? Da kannze doch mal sehn,
die tun dich nur noch hintergehn.

   Und frech dazu. Dat ham wer gern,
   na, is ja scheinbar heut modern.

Kein Wunder, wenne nur mal bloß
den Putz siehs unterm Dachgeschoss.

   Der Garten ers, mein Gott nommal.
   Ja, is dat denn vielleicht normal?

Da sacht doch neulich irgendwer,
dä tränk schommal'n bissken mehr.

   Jou, habbich au schon läuten hörn.
   Natürlich kann ich nix beschwörn.

Ich sarret dir, ich sarret dir,
man traut sich kaum noch vorde Tür.

   Da kannze für. Ich mein au eben,
   dat häddet früher nich gegeben.

Da wurd nich lange nachgedacht
und kurzerhand Prozess gemacht.

   Jawoll, mal ordentliche Hiebe,
   zur Not au runter mitter Rübe.

Am Anfang war's nur ein Gerücht,
ein querer Blick, ein Fremdgeruch,
bald ein betretenes Gesicht,
dann schon ein flinker Urteilsspruch.
Zuletzt ein kleines Volksgericht.

Wo wollnse hin?

Frage nie einen Niederrheiner nach dem Weg. Es sei denn, du möchtest alles über die körperlichen Beschwernisse der näheren und ferneren Verwandtschaft, die aktuellen Aussichten auf dem örtlichen Verlobungsmarkt oder die mittelfristigen Pläne zur Sanierung der maroden Kasse in der Schützengilde von 1910 in Erfahrung bringen.

Wehe aber, du willst einfach nur wissen, wie man am besten – sagen wir einmal – zur Grefrather Straße kommt. „Wo müssense denn da hin?" Was da an allzeit bereiter Anteilnahme dem Ortsunkundigen entgegenwogt, entpuppt sich alsbald als jene genuin niederrheinische Art der Mitteilsamkeit, die kein Erbarmen kennt.

„Zu Huisken wollnse? Kannich Ihn sagn. Dä is doch schon seit Wochn mit seim Anbau dran, wat sarrich, seit Mächz, wennich früh. Getz meinter neulich noch, dat täter ohnehin nur alls für sein klein Enkel. Jou dä Ullich vonne Manuela. Als wennet sich darum ging. Die machen mir sowwiso heutzutage vielzeviel Gedöne um de Blagen, glaubet. Hier'n Schachcomputer und da'n Mofa mit Lederjäcksken bei. Weisse wat se uns dammals erzählt hättn? Siehsse. Und geschadet haddet au keim. Kuck se dir doch heute an. Mit Zweinvierzich Herzklabastern. Nimmen Hoschi Kleineveen. Dä is doch völlig durche Bohnen. Nun issem auch noch de Frau weggelaufen. Nä, wennich dran denk …"

Stunden später bist du mit allem Wissenswerten über Leben und Sterben im Umkreis einer Wäscheleine gründlichst versorgt. Wo der Hein Osterholt seinen Wohnwagen untergestellt hat und wann „se" endlich mit der Kanalisation fertig sein wollen. Was die kleine Rothaarige vom Bramschen Hof jetzt eigentlich macht und warum man die Liegefrist für Tante Reinhild noch einmal verlängert hat.

Nur wie du auf dem schnellsten Weg zur Grefrather Straße kommst, da frag besser nicht nach.

„Et muß" –
der geliebte Zwang

„Na, wie isset?" „Geht so." „Und sonst?" „Et muß." Wie oft
haben wir uns schon ausgeschüttet über diese niederrheinische
Art gelingender Kommunikation. Aber ist irgend jemand vielleicht schon einmal auf die Idee gekommen zu fragen, welche
grundsätzliche Lebenskonzeption sich hinter dem so scheinbar
mühelos dahin geworfenen „et muß" verbirgt?

Während die meisten Menschen in unserem Land ihr Dasein im
Gedritt von REWE, Kleingarten und Rheumapflaster – durchaus
dem Grundgesetz entsprechend – in freier Entfaltung ihrer Per-
sönlichkeit heiter und gelassen zu gestalten wissen, scheint der
Niederrheiner unter einem ganz eigenartigen Zwang zu stehen.
Einer Art anankischer Notwendigkeit, die man sonst eigentlich
nur aus der griechischen Tragödie kennt. „Ich muß noch mal
eben anne Bude."

Niemand zwischen Meerbusch und Meiderich vermag der magi-
schen Macht niederrheinischen Müssens zu entgehen. Irgendwie
muß immer alles. Und wenn es nur „et" ist. „Et muß." „Et", das
hört sich im ersten Moment so mickerig an. In Wahrheit birgt
dieses geheimnisvolle Kürzel einen ganzen Kosmos an lebenser-
haltendem Gedöns. „Et muß." Heute etwa muß man zum Markt,
nächsten Freitag dringend zur Nackenmassage. Wer zum Beispiel
in Wanheimerort wohnt, muß mindestens einmal die Woche aus
irgendeinem Grund zur Apotheke nach Duisburg. Und letzten
Sonntag mußten wir nach Repelen, zur Omma. „Et mußte einfach mal wieder sein, verstehsse."

Fremde, die schüchtern und fragend ihren Fuß auf unser Hoheits-
gebiet setzen und vielleicht einfach nur wissen wollen, wie man
am besten nach Vennikel kommt, werden rasch gewahr, daß die
Bewältigung einer Entfernung von A nach B im Grunde nichts
anderes als eine Zwangshandlung darstellt: „Wo müssense denn
da hin?"

Nahrungsaufnahme oder Stillung des Durstes? Bayern, Schwaben, Friesen wissen ja immer wieder davon zu berichten, welch Wohlgefühl ihnen diese Beschäftigungen bereiten. Weißwürste, Bocksbeutel, Tee mit Kluntje – man hat nicht eben den Eindruck, als müsse jemand zu derlei Köstlichkeiten genötigt werden. Aber dann wieder Onkel Horst aus Sterkrade, der einem wie immer alle Autonomie des Genießens zu verhageln weiß: „Bevor du weiter redest: Ich muß mein Pils haben. Damit dat man gleich klar is."

Vielleicht ist an allem auch nur Tante Hennie schuld. Früher, in Wickrathsberg, wenn wir sie in den Ferien besucht haben und es mal wieder dicke Bohnen mit Mehlsoße gab. „Und du ißt das getz auf, wenn ich dir dat sage." „Muß ich dat?" „Ja, du mußt dat. Sonst gibbet morgen kein schön Wetter."

„Et muß." Was wäre der Niederrheiner ohne diesen geliebten Zwang? Was wäre er ohne sein ständiges Getriebensein – zum Bezirksamt Süd, zu C&A, zu den Enkelkindern nach Schwafheim, zum neuen Friedhof an der Düsseldorfer Straße. Was wäre er ohne jenen dumpfen Drang, der gottvatergleich und in stiller Strenge hinter allen wichtigen Entscheidungen zu walten scheint? Viel wäre hier noch zu sagen von höherer Schickung und willigem Sich-Fügen. Von der gnadenlosen Befehlsgewalt allein eines schlichten Einkaufszettels. Von Verhängnis und Verstrickung, Fatum und täglichem Geknüsel. Die Alten haben diesen Mächten, wie man weiß, ganze Götter und Tempel geweiht. Heute verweist man meist aufklärerisch-gelangweilt auf die üblichen Muster Freudscher Zwangsneurosen.

Ja, in der Tat, vieles wäre hier noch aufzuarbeiten … O, gleich kommt Waltraud nach Hause. Kinder, ich muß dringend los.

Im Urland
der Bußfertigkeit

Nur misswillige Mitbürger werden sich zu der Behauptung versteigen, im Grunde sei der Niederrheiner seiner Zeit nur oberflächlich christianisiert worden. Sicher, hier und da ist den hier Verwurzelten noch etwas von urgermanischer Lebensart abzuspüren. Etwa bei den erfreulich bodenständig gebliebenen Grundsätzen der Kindererziehung. „Wat heulze denn so? Kriss gleich wat auf'n Hintern, dann hass'n Grund zum Heulen." So oder ähnlich ist wahrscheinlich schon Cheruskers Hermann zu dem geworden, wessen wir ihn noch heute zu Recht und per Denkmal rühmen.

Auch haben die Jahre römischer Besatzung ihre unverwischbaren Spuren hinterlassen. Lateinische, dem Leichten und der Lust zugewandte Kunst des Genießens begegnet einem zwischen Hinsbeck und Hünxe auf Schritt und Tritt. „Zoe-Chantal, komm dich getz noch wacker 'n Bütterken essen." Germanische Wildheit einerseits und mediterranes Epikuräertum andererseits – nirgends sonst sind diese großartigen Lebenskonzeptionen so amalgamiert wie hier.

Aber rechtfertigt das alles schon jenes übelwollende Vorurteil, die großen Erfolge der christlichen Mission seien doch eher etwa an den schmucken Häuschen im Schwabenländle oder an den prächtigen Privatmanufakturen längs der Wupper zu besehen als zwischen Hochfelder Wochenmarkt und dem „Spaßbad Hexenland" in Sevelen? Mitnichten.

Allen alt- und neuheidnischen Einflüssen zum Trotz hat sich unser kleines Gärtchen Eden am Unterlauf des vielbesungenen Altvaters doch seine frommen Werte in Treue bewahrt. Als ein Beispiel von vielen möglichen sei hier nur auf die christliche Tugend der Demut und Selbstverleugnung verwiesen, die bei uns am Niederrhein besonders verbreitet ist. Während man sich andernorts – sagen wir mal: beim Verschütten einer Tasse Hühnerbrühe – nicht genug in gegenseitiger Schuldzuweisung sein kann, richtet der Niederrheiner in solch einem Fall den Finger doch eher auf sich: „Ich bin ja auch sowas von dämlich, weiße."

Lassen es andere Landsleute etwa bei nicht fristgerechter Abgabe
des Lottoscheins allenfalls bei einem, natürlich auch nicht wört-
lich gemeinten „ich Armleuchter" sein Bewenden haben, so muß
der Niederrheiner in seiner überentwickelten Neigung zum
Bußgang natürlich noch einen draufsetzen: „So bescheuert kann
natürlich nur ich sein. Dat war doch schon absehbar."

Dogmatisch korrekt rechnet also der Mensch an Niers und Issel
stets von vornherein mit der eigenen naturgegebenen Unzuläng-
lichkeit, einer sozusagen genetisch notwendigen moralischen Feh-
lerquote: „Ich mal wieder." Hier hat man es verstanden, die hohe
und Laien oft nur schwer zugängliche Lehre von der Erbsünde ins
Alltägliche und von jedermann Nachvollziehbare zu übersetzen.
„Ich natürlich. Wer sonst." Der heilige Kirchenvater Augustinus
hätte angesichts dieser theologischen Prägnanz seinen Lehrstuhl
gewiß liebend gern von Karthago nach Kamperbrück verlegt.

Auch hat sich in unseren Breiten die gute alte monastische Kultur
der Selbstkasteiung erhalten. Aber die Übungen der Buße werden
hier doch konsequenter angewandt. Meinte noch der junge
Luther, der bekanntlich am Niederrhein nie ganz warm geworden
ist, sich mit ein paar Fastenaktionen und Rutenschlägen aus der
Affäre ziehen zu können, so greift der gläubige Niederrheiner
gewöhnlich zu ganz anderen Mitteln der Selbstbezichtigung: „Ich
könnt mich so in den Hintern treten." Nicht selten auf dem Fuße
gefolgt von den verbalen Keulen finaler Selbstvernichtung: „Ich
könnt mich am liebsten wegschmeißen."

Unklar bleibt indes, was genau mit dem Exerzitium gemeint ist,
das meist in scheinbar humorigen Zusammenhängen begegnet.
Die Rede ist von dem berühmten „Sich-Beömmeln". „Nä, wat
ham wer uns beömmelt." Ist das nun Ausdruck von Lust oder
Leid, von karnevalistischem Hochgefühl oder niederdeutscher
Schwermut? Man wird es wohl nie ganz herausbekommen, zumal
für den Niederrheiner Wohlsein und Schmerz ohnehin keine
unversöhnlichen Gegensätze darstellen. „Ja, Scheiße" – nirgendwo
in deutschen Gefilden wird solch ein Verzweiflungsschrei genuss-
voller ausgestoßen als hier im Urland christlicher Bußfertigkeit.
„Ja, Scheiße." Man kann sich nicht dran satthören.

Was meinen Sie? Ich hätte da irgendwas nicht ganz kapiert? Tja,
das ist natürlich mal wieder typisch. So blöd kann nämlich nur
ich sein.

Ich bin so gern
am Niederrhein

Ich bin so gern
am Niederrhein
und schau bei dir und mir
auf eine Nasenlänge rein
ich sitze gern
auf einer Bank
und guck den ganzen Tag
am grauen Seelendunst entlang
durch mein Gemüt
zieht zaubersam
so mancher melodramer Nebelkram
Poetisch und Prosaisches
Erbaulich und Erstaunliches
in unsrer kleinen Welt
am Niederrhein.

Dann schenk ich mir
so klein bei klein
auf daß es niemand sieht
ein Täßchen Heimatwärme ein
die einen nebenbei und sacht
auch manchmal ohne daß mans merkt
ein wenig frösteln macht
der große Himmel
obendrein
lädt flehentlich uns zum Verweilen ein
sein sanfter Blick und sein Geruch
die dulden keinen Widerspruch
in meiner kleinen Welt
in deiner kleinen Welt
in unsrer kleinen Welt
am Niederrhein.

Man kannet au übertrei'm

Man spricht ja immer so viel von der wundersamen Wechselwir-
kung von Landschaft und Seele, Boden und Gemüt eines Volkes.
Die notorische Melancholie etwa des Emsländers ist auf diese
Weise ebenso leicht aus dessen klebriger Ackerscholle abzuleiten,
wie der bekannt wetterwendische Charakter des Mittelitalieners
aus dem auffallend ungeordneten Lauf des Tiber. Hier gibt es
offenbar nicht zu ignorierende Querverbindungen zwischen
Materie und Geist, Stoff und Form, sichtbarer und unsichtbarer
Welt.

Nicht anders am Niederrhein. Nur Unkundige wundern sich
immer wieder über die hier allewege anzutreffende Art, zielsicher
das rechte mittlere Maß zu erwischen. Schon ein Aufblick am die-
sigen Horizont entlang reicht doch gemeinhin, um Wesen und
Naturell der hier Ansässigen rasch zu erfassen. Klare Gegensätze?
Harte Fronten? Extrempositionen? „Mein Gott, man kannet au
übertrei'm." Es ist wie auf dem matschigen Boden. Gestaltung
des Vorgartens, Urlaub in Katwijk an Zee, Weihnachtsfeier im
Hundeverein. Nichts wird übertrieben.

Alles auch nur von weitem als außergewöhnlich Verdächtigte wird
alsbald auf die überschaubare Proportion einer Tasse Nudelsuppe
verträglich geredet. „Wissen Se, im Moment bin ich da über-
fragt." Auch in ärgsten Notsituationen ist man meist nur „im
Moment" etwas daneben oder „im Moment" ein wenig von der
Rolle. Eklatante Wissenslücken werden dergestalt weichgespült,
dass man gerade „im Moment" nicht sagen könne, wie man am
schnellsten etwa von hier nach Holderberg gelangt. Selbst deso-
lateste Prüfungsleistungen finden ihre Begründung meist in der
beschwichtigenden Erklärung, man sei bloß „im Moment" nicht
drauf gekommen, wie der Satz des Pythagoras laute.

Das rechte mittlere Maß. Das hat auch immer was mit dem Blick
für die argumentative Balance und der Fähigkeit zur kommuni-
kativen Deeskalation zu tun. Denn überall da, wo es auch nur
irgend heftig werden könnte, hat man am Niederrhein vorsorglich
die verbale Bremse eingebaut. Zum Beispiel bei der Frage, ob

man sich nun zum Kauf eines leichten Baumwollpullovers ent-
schließen soll oder nicht. Der durchschlagende Gesichtspunkt, es
dann doch zu tun, ist dann eher nicht der Hinweis, daß ein sol-
ches Kleidungsstück immerhin vor Wind und Frost schütze, sondern daß man es „schon mal" ganz gut drunterziehen könne. „So,
für die Übergangszeit, weisse" – was und wann auch immer eine
solche sein mag. Strickjacken? Sweatshirts? Sportliche Halb-
schuhe? „Trag ich sonst eigentlich gar nicht. Aber schon mal so
für die Übergangszeit." Die Leichtigkeit niederrheinischen
Wesens als prinzipielles Sein in der Schwebe.

Oder auch der Besuch bei Tante Irmhild. Ist nun der zweite
Weihnachtstag fest vorgesehen, ja oder nein? Die Ausgleich schaf-
fende Antwort: An Fest- und Feiertagen fahre man gelegentlich
„schon mal" in Hiesfeld vorbei. So wie Vattern, der sich „schon
mal" ein Bierchen trinken geht, und Muttern, die darüber „schon
mal" ziemlich sauer werden kann. Genauso übrigens wie es am
Niederrhein auch „schon mal" regnen kann, aber natürlich durchaus auch „schon mal" die Sonne durchkommt.

Meistens ist es hier allerdings, wo wir „schon mal" dabei sind,
ziemlich „usselig". Was das nun wieder ist? Nun, es ist eigentlich
die dem Niederrheiner präzisest mögliche Bezeichnung einer
immer irgendwie zutreffenden Befindlichkeit. „Ich fühl mich heut
so richtig usselig." Kann man es genauer sagen? Schwerlich.
„Usselig" ist das Wetter, die Leberwurst, die noch von letzter
Woche liegen geblieben ist, das ganze momentane Lebensgefühl,
die niederrheinische Wesensart schlechthin.

Damit sind wir wieder – aber der Exkurs war notwendig – beim
Anfangspunkt unserer Überlegungen angelangt, dem geheimnis-
vollen und doch so evidenten Zusammenhang von Landschaft
und Seele eines Volkes. Wundern sollte sich jedenfalls niemand
über die so wohl nur am Niederrhein anzutreffende Faszination
des Nicht-Festgelegten. Ein Blick nach draußen genügt. Nebel,
Mischobst, ausgefranste Pfützen. Das ist der Stoff, aus dem das
mittlere Maß seinen genetischen Code bezieht.

Wie? Man könntet au übertrei'm? Ach, wissen Se, dat passiert
„schon mal", wennet ei'm „im Moment" so 'n bisken „usselig" is.

Niederrheinische Spaßgesellschaft

Hat der Niederrheiner eigentlich Humor? Gute Frage. Und wie so oft in der Geschichte des Geistes so ist auch hier eine richtige Fragestellung praktisch schon die halbe Miete. Also: Hat der Niederrheiner Humor? Um die Antwort vorwegzunehmen und mit der dem Niederrheiner nun einmal eigenen Prägnanz sogleich auf den Punkt zu bringen: „Ich kannet dir im Moment echt nicht genau sagen."

Auffallend ist immerhin, daß der in letzter Zeit so viel gescholtene Spaß in der Werteskala des Niederrheiners eine ziemlich unangefochtene Pole-Position einzunehmen scheint: „Hauptsache, du has dein Späßken." Schon die gewählte Form der Verkleinerung – Späßken. Hauptsache, du has dein Späßken – weist auf das grundsätzlich eher leicht gestimmte Lebensgefühl des Menschen an Issel und Niers hin, der allem, selbst dem Spaß, bereits im Ansatz jede falsche Gewichtigkeit zu nehmen weiß. „Nä, wat hatten wir fürn Späßken." Wer solche und ähnliche Äußerungen zum Beispiel nach Beendigung einer völlig verregneten Duisburger Hafenrundfahrt vernimmt, merkt rasch, daß es hier doch noch um etwas sehr anderes als eine bloße regionale Variante der berühmten Spaßgesellschaft geht.

„Hasse Späßken? Na toll." Wer zuckte nicht unter solchen verbalen Vernichtungsschlägen zusammen? Dabei hatte man vielleicht gerade nur – etwa um sich für ein vergeigtes UEFA-Cup-Spiel in aller Form zu rächen – von der Reeser Rheinbrücke runter in ein holländisches Containerschiff gespuckt. Und es hätte ja auch alles so lustig werden können. Dann diese Keule: „Hasse Späßken? Na toll." Nicht daß der Niederrheiner dem anderen den Spaß nicht gönnte – Gott bewahre! -, es geht, wie so oft, auch hier nur um die richtige innere Einstellung zu den Dingen.

Das konnte man kürzlich sehr schön auf einem einsamen Waldweg längs des Diersfordter Forstes beobachten, als sich ein mir bis dahin völlig unbekannter Staffordshire Terrier anschickte, mich genüßlich abzuknutschen. „Der macht doch nur Späßken", scholl es froh und Mut machend aus einem weit entlegenen Gebüsch. Ja, tatsächlich. Das wildgewordene Ungeheuer nahe meiner Halsschlagader wollte offensichtlich nichts anderes als endlich einmal ungezwungen lustig sein. Wie konnte man's vergessen.

Jedenfalls ist bislang deutlich geworden, daß für den niederrheinischen Menschen Humor nicht einfach schon vorliegt, wenn man trotzdem lacht, und schon gar nicht mit flachem Frohsinn und oberflächlichem Schenkelschlagen gleichzusetzen ist. Scherz, Satire, Ironie – das wußte bereits der Wahlniederrheiner Christian Dietrich Grabbe – hat eben möglichst tiefere Bedeutung zu haben. „Dat is ja wohl'n Scherz." Schon dem tragischen Tonfall wohnt etwas inne, das weit über den vordergründigen Schmunzeleffekt hinausgeht. „Dat is ja wohl'n Scherz." Oder auch – man bemerke die feine Bedeutungsnuance – „dat is ja wohl echt 'n Scherz." Plattes Witzereißen sieht jedenfalls anders aus.

„Ha. Ha. Ha." Wer je zwischen Kaiserswerth und Kranenburg auf unverfälschte, dem Ernst des Lebens abgerungene Heiterkeit aus ist, weiß, daß er sich mittlerweile zügig auf den Hardcore niederrheinischer Ausgelassenheit zubewegt. „Ha. Ha. Ha." Ja, du darfst lachen. Du darfst bei allem Wissen um die Grenzen des Freudvollen auch einmal still in dich hineinkichern, darfst auch einmal vergnüglich vor dich hin grienen, losplatzen, dich ausschütten. „Ha. Ha. Ha."

Schlimm, wenn einem bei solcher Gelegenheit dann wieder Anneruth aus Tönisvorst in die Quere kommt, die bekanntlich überhaupt keinen Spaß versteht und alle amüsante Stimmung wie folgt brutal zu zertrümmern versteht: „Da soll ich getz wohl noch drüber lachen oder wie hab ich dat hier?" Anneruth. Man kennt sie. Irgendwann zugezogen. Ich meine, Sauerland oder so. Nomen est omen. Und wenn man ihr heiter-versöhnlich zur Antwort ein frisches Diebels in den Ausschnitt kippt, offenbart sie mal wieder ihre ganze nichtniederrheinische Humorlosigkeit: „Dat findze getz wohl auch noch lustig. Ha. Ha."

Und da ist sie schon wieder, die alte, ewig unbeantwortbar scheinende Frage, ob der Niederrheiner nun eigentlich Humor hat oder nicht. Man weiset nich so richtig. Vielleicht ist die Frage auch nicht klar genug gestellt. Eines läßt sich immerhin sagen: Zwischen Winnenthaler Kanal und Bruckhauser Mühlenbach wollen alle Niederrheiner und Niederrheinerinnen am Ende doch immer nur das Eine: „Hauptsache, du has getz mal wieder dein Späßken gehabt."

Niederrheinischer Dreisatz

Jeder Mensch liebt bekanntlich was anderes. Der eine seine Frau,
der andere seine Bierhumpensammlung. Tante Margot liebt Jörg
Pilawa und Pastor Venneken sein akademisches Mittagsschläfchen. Unser Deutschlehrer Dr. Auffermann damals liebte vor
allem seine eigene Meinung. Und der Niederrheiner?

Der Niederrheiner liebt – und nun halten Sie bitte die Luft an –
den Dreisatz. Dabei denken Sie jetzt wahrscheinlich gleich wieder
an Ihre traumatischen Matheerfahrungen damals: 4 Sack Kartof-
feln kosten 6 Mark 50. Wieviel Stunden braucht der Gemüse-
händler, um auf schnellstem Wege von Drevenack nach Obrig-
hoven zu kommen? Oder so ähnlich. Nein, der niederrheinische
Dreisatz ist schlicht die Kunst, Bedeutsames in trinitarisch ver-
knappender Form auf den Punkt zu bringen: „Sa-gen-haft." Wozu
andere mindestens drei eigene Sätze brauchen, ja sich vielleicht in
stundenlangen Redeergüssen ergehen, etwa bei der Frage, wie
denn eigentlich der letzte Urlaub in Cala Millor war, zückt der
Niederrheiner flugs seine verbale Scheckkarte: „Sa-gen-haft."
Genauer hätte man es in einem sorgfältig durchstrukturierten
Grundsatzreferat auch nicht sagen können.

Und wie macht sich Benedict, der doch erst kürzlich auf die Real-
schule gekommen ist? „Fabelhaft, kann ich Ihnen sagen. Ganz fa-
bel-haft." Aber die neue Hauswirtschaftslehrerin, die die da jetzt
gekriegt haben, in welcher Aufmachung die da beim letzten
Elternsprechtag rumgelaufen ist: „Un-mög-lich".

Wir merken schon, der niederrheinische Dreisatz beschränkt sich
nicht nur – wie damals etwa die beliebten Beispiele mit dem Kar-
toffelsack – auf die freundlichen und förderlichen Seiten des All-
tags, er stellt sich vielmehr mutig und unerschrocken gerade auch
den Widrigkeiten und Unpäßlichkeiten, dem Mißlichen und der
Unbill des Lebens. „Sag mal, wie siehst du eigentlich schon wieder aus? Ver-bo-ten." Dorothees Abneigung Heike gegenüber ist,
da macht sie überhaupt kein Geheimnis draus, „ab-grund-tief".
Baldwin übrigens findet den neuen Hera-Lind-Roman mit Ver-
laub „grot-ten-schlecht". Und daß Carmen regelmäßig die Frech-

heit besitzt, den Sportteil der Zeitung wegzuschmeißen, ist einfach „bo-den-los". Und wenn ich erst daran denke, was sich Frau Klimczak vorigen Dienstag bei der Jahresversammlung der Gartenfreunde erlaubt hat, das wäre doch zu unserer Zeit undenkbar gewesen. „Un-denk-bar."

So dient der niederrheinische Dreisatz in der Tat dazu, allen wesentlichen Gefühlsvorkommnissen adäquaten Ausdruck zu verleihen. Tante Gunhilds Erstaunen etwa über die viel zu frühen Himbeeren dieses Jahr: „Un-glaub-lich." Oder Nataschas Ergriffensein angesichts der Ergebnisse des VHS-Seidenmalerei-Kurses: „Wun-der-schön". Schließlich Dr. Vanderkamps helle Empörung über die neuen Preise in der Autowaschanlage: „Un-ver-schämt".

Und ich finde, diese hohe Kunst, Entscheidendes nicht in langatmigen Ausführungen, die sowieso keinen Menschen interessieren, zu zerreden, sondern in prägnater triadischer Pointierung auf den Nenner zu bringen, also ich finde das – da wiederhole ich mich gerne – einfach immer wieder: „Sa-gen-haft".

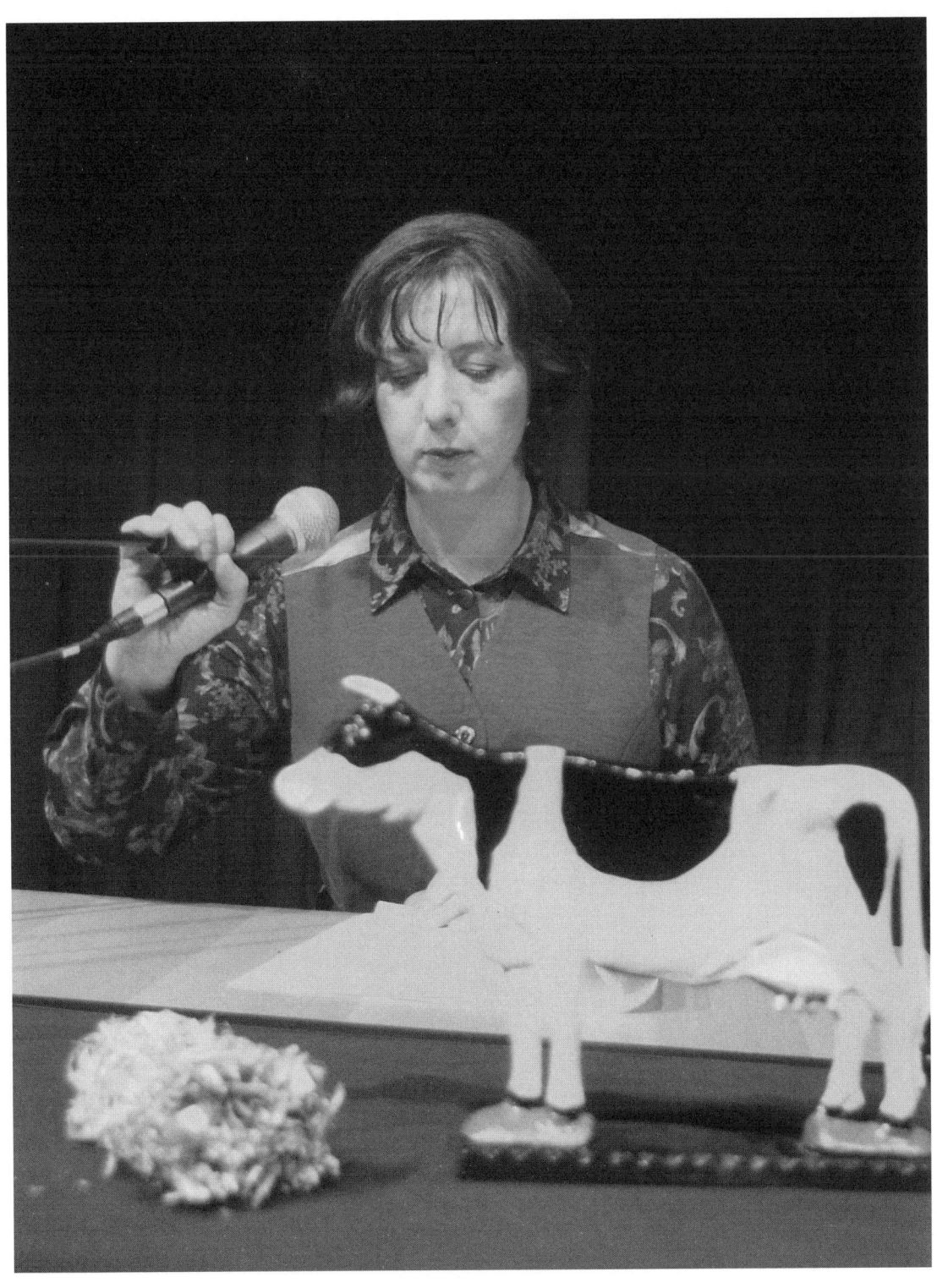

Almuth Sperveslage

Der Sockenmacker

Jeder hat so seine Macken, sag' ich mir. Wenn ich jemanden treffe, dann guck' ich immer, wo der so seine Macken hat. Große oder kleine.

Und freue mich, wenn ich was entdecke. Dann weiß ich, ich habe keinen Roboter vor mir, sondern einen ganz normalen Menschen wie du und ich.

Eigentlich bin ich ein richtiger Mackenfreund. Außer einer übertreibt es. Da hört der Spaß auf. Zum Beispiel, wenn einer seine Macken pflegt und von der ganzen Pflege nicht mehr viel Mensch übrig bleibt. Das ist genau wie mit den Bakterien. Ein bisschen kann nicht schaden und zuviel ist ungesund. Sagt man so.

Manchmal treffe ich auch jemanden, der hat gar keine Macken. Der klimpert genau im richtigen Moment mit den Augen und hat auch sonst nichts, wo man sagen kann, ach, da kommt der Soundso, den erkenne ich schon von weitem. Dann werde ich immer misstrauisch und denke, irgendeine kleine, liebenswürdige Macke muß der doch auch haben. Und unterhalte mich ihm und kann einfach nichts entdecken. Richtig irritiert bin ich dann und ganz ratlos. Bis er geht. Und ich bemerke, dass er einen grauen und einen weißen Socken anhat. Jetzt bin ich geradezu erleichtert und denke, na, wenigstens ist er ein Sockenmacker.

Das ist überhaupt das Schönste für mich am Niederrhein: dass die Landschaft so mackenlos liebenswürdig ist und die Leute hier so liebenswürdig bemackt sind. Genau wie die knorrigen Kopfweiden gleich um die Ecke.

Wir vom Niederrhein

Hier bei uns am Niederrhein,
ach, hier ist die Welt so klein.
Trotzdem wissen wir Bescheid,
haben auf alles die Antwort bereit.
Morgens beim Bäcker,
wir wären die Ersten, die's zu
hören bekommen täten,
erzählt uns wichtig die Bäckersfrau,
heut' Nacht an der Ecke,
sie weiß es genau,
hat man vom Metzger den Hund überfahren,
war wohl noch gar nicht so alt an Jahren.
Was der wohl jetzt mit dem Hund machen tut,
und überhaupt, die Wurst von dem
war sowieso noch nie gut.
Und wenn dann in den nächsten Tagen
wieder so'n Angebot hängt in sein' Laden …
Aber sie hält sich da lieber raus,
schließlich hätt' sie ja auch'n Hund zu Haus.
Und wie dat Wetter heut' werden wird,
sie hätt' den Rücken schon wieder gespürt,
na, dann schönen Tach auch noch,
denn müssen müssen wir ja doch.

Endlich der Bäckersfrau entronnen,
eilig sein Frühstück zu sich genommen,
hat man sich durch den Verkehr gewühlt
und selber seinen Rücken gefühlt,
hat nur noch den Arbeitstag vor der Brust
und eigentlich schon auf's Wochenende Lust.
Na ja, denkt sich der Mensch vom Niederrhein,
dieser Tag wird so schlimm wohl nicht sein,
da kriecht der Schmerz auch schon heftig hoch,
pocht an der Backe, klopft in dem Loch,
das wohl doch im Zahne ist
und sich genüßlich weiterfrißt.
Und zu seiner Kollegen Verdruß

entrichtet er den Wochenendgruß,
begibt sich dann mehr oder weniger bange
unter des Doktors glänzende Zange,
gibt sich der Betäubung hin,
hat ja wohl alles keinen Sinn.
Die Welt ist schlecht, der Zahn erst recht,
hört er des Doktors Kommentar,
als der Zahn endlich draußen war.
Vom Arztbesuch noch ganz benommen,
ist der Nachbar angekommen.
Hat es sowieso gewußt,
hatte schon am Morgen Frust,
weil von seiner Frau der Bruder
wieder mal vergessen hat,
(hörte nicht auf seinen Rat,)
die Pillen für dat Herz zu nehmen,
is die ganze Zeit am Stöhnen,
verdirbt ihm noch den schönen Tach,
wo er selber Sorgen hat : ach,
von seiner Frau der Sohn …
man ahnt es schon, man ahnt es schon.
Gerad' will man sich selbst erzählen,
wie einen tut der Schmerz so quälen,
ruft seine Frau zum Mittagstisch.
„Gibt's heut' am Freitag denn wohl Fisch?"
„Nee, gibt wieder Kohlrouladen."
Tja, wat soll man dazu sagen!

Das Guckloch

In der Schlägelstraße, ungefähr auf der Mitte, liegt die Hausnummer siebenundzwanzig.
Da wohnt unten, Parterre links, die Frau Siebert. Witwe. Der
Mann ist irgendwann im Berg geblieben, sagt die Frau Siebert
an guten Tagen.
An schlechten redet sie was von Staublunge.
Und was für ein dünner Hering ihr Mann gewesen ist, zum
Schluß.
„Der sah aus wie'n Hungerhaken inne Weisskaue", heult sie dann.
Was jeder bestätigt.
Die Frau Siebert ist noch mal davongekommen, auch optisch.
An schlechten Tagen schippt sie ihre Kohlen vom Gehweg selber
in den Keller.
Ohne Herrn Klodzik, der unten rechts wohnt. Und der Kampmann von nebenan traut sich dann kaum zu fragen, wie es ihr
geht.
„Muß", bellt sie an solchen Tagen, und der Kampmann sucht
schleunigst das Weite.
Der Herr Klodzik hat wenigstens Verständnis für sie.
Weil er im richtigen Moment so gut schweigen kann. Das weiß
die Frau Siebert zu schätzen. Und putzt ihm als Dankeschön
schon mal die Treppe mit.
Und weil ihn ja auch der Berg gerufen hat, bis zur Rente.
„Glückauf", sagt er dann verdrossen, wenn die Frau Siebert
von alten Tagen reden will. Es hört sich an wie Schluckauf.
Der Staub hat ihn nicht erwischt, den Herrn Klodzik. Sagt er
jedem, der es hören will.
Aber seine Knochen, sagt er, die kann er jeden Morgen vor'm
Waschbecken einzeln aufsammeln.
„Gottvadammich", flucht er dann, „hätt' ich ma beizeiten
im Sack gehauen auf'n Pütt."
„Ja, aber die gute Rente und dat ganze Deputat", sagt dann
die Frau Siebert. „Is' auch wieder wahr", murmelt der Herr
Klodzik, holt seine grüne Gießkanne mit dem abgebrochenen
Henkel und gießt seine Geranien vor dem Küchenfenster.
Unten rechts. Und immer von außen.

„Weil er dabei so kleckert", teilt die Frau Siebert jedem mit, der gerade vorbeikommt.

Wenn er fertig ist, verteilt die Frau Siebert mit dem Besen die Wasserpfützen von rechts nach links und wieder zurück.

„Damit nich' einer drauf ausrutschen tut", sagt sie dem Herrn Klodzik mit einem bedeutsamen Blick.

Worauf der Herr Klodzik bedeutsam zur Seite schaut.

Und dann wartet er, wie jeden Morgen, auf die Anneliese.

Die bringt ihm jeden Tag die Milch und zwei Brötchen. Weil sie sowieso immer vorbeikommt bei ihm und weil sie seine Schwägerin ist.

„Aber Witwe", sagt die Frau Siebert in ziemlich scharfem Ton und schaut dem Herrn Klodzik so bedeutsam in die Augen, daß er immer ganz verlegen wird.

„Ja, der Berg", meint er dann ganz hilflos, und der Lore Siebert geht das Herz auf bei seinem verlorenen Anblick.

Wenn die ersten Schulkinder am späten Vormittag hüpfend den Gehweg entlang kommen, Dörpel rauf und Dörpel runter, hat Herr Klodzik schon längst die alte Dose mit den sauren Drops neben sich auf das Fensterbrett gestellt.

„Na, wie isset, Jung", sagt er zu Kampmann's schlacksigem Osel. „Schon die große Karriere geplant?"

Und der sagt jeden Tag: „Ohne Drops läuft gar nix!"

Dann reicht der Herr Klodzik die Dose herunter, und der Kampmann jr. darf sich die ausgerissenen Hosentaschen vollstopfen.

„Hömma, und sonst?", fragt der Klodzik dann, und der Junior fängt an zu reden wie ein Wasserfall.

Der Herr Klodzik hört voller Anteilnahme zu, beantwortet jede noch so bedenkliche Frage und schlägt sich runde zwei Stunden um die Ohren, bis alle Nachbarkinder, mit Drops und Anteilnahme auf das Beste versorgt, in den Häusern verschwunden sind.

Der olle Onkel Drops nennen die Kinder ihn liebevoll.

Dann geht dem Herrn Klodzik das Herz auf, ganz weit. Weil er so gerne Kinder und Enkel gehabt hätte. Wie die anderen auch.

„Die wissen dat gar nich' zu schätzen, wat die an ihren Blagen haben, die Alten," sagt er immer zu der Lore Siebert.

Und die Frau Siebert guckt auf einmal genauso verloren wie der Herr Klodzik morgens zwischen seinen Geranien.

„Is' jetzt eh' zu spät", sagt sie dann sehr knapp.

Worauf der Herr Klodzik wieder einmal besonders verständnisvoll
schweigt.

Und dann, eines schönen Tages, lehnt es der Herr Klodzik
schlichtweg ab, verständnisvoll zu schweigen. Und er kleckert
auch nicht mehr auf den Gehweg.

Weshalb die Frau Siebert ganz irritiert von links nach rechts fegt,
dann wieder zurück und einen wütenden Blick auf Herrn Klodziks geschlossenes Küchenfenster wirft.

„Läßt der mich hier für umsonst fegen", sagt sie sehr laut und
besonders knapp.

Der Herr Klodzik lehnt es auch ab, seine Bonbondose herunter-
zureichen und die Fragen von Kampmann's Osel zu beantworten.
Er hört einfach auf damit. Von einer Minute auf die andere.

„Ja, der hat se doch nich' alle", sagt der Kampmann rundheraus,
weil sein Osel ihm ständig in den Ohren liegt mit den entgange-
nen Drops.

Und die anderen nicken zustimmend.

„Wat quatscht der auch jeden von sein' Fenster aus an", flötet
die dicke Kubitschek der Anneliese ins Ohr.

Die stellt die Milch nun schon den dritten Tag auf das Fensterbrett und gießt die Geranien mit der Milch vom Vortag.

„Damit nix verkommt", sagt sie der dicken Kubitschek.

„So'ne Schweinerei mit dat weiße Wasser, Frau Anneliese",
schimpft die Lore Siebert, „da wird sich der Herr Klodzik
aber bedanken für so'ne Schwägerin!"

Worauf die Anneliese beleidigt mit der Kubitschek um die
nächste Ecke verschwindet.

Der Herr Klodzik selber wird gar nicht gefragt.

Selbst Schuld, wenn einer plötzlich mit dem Reden aufhört.

Bei der Lore Siebert, zweiundvierzig Jahre lang anvertraute Nach-
barin des Herrn Klodzik, auch Parterre, aber links, dämmerte es
dann doch, daß hier irgend etwas nicht stimmt. Ganz und gar
nicht stimmt.

Und so zieht sie nach dem Mittagsschläfchen ihren besten Kittel
an, den erikafarbenen mit den kleinen Blüten am Dekolleté,
hebt ihre korsettgestählte Büste einmal bedeutungsvoll auf
und ab, nimmt den alten Besen, von dem immer ein bißchen rote
Farbe abkrümelt, trägt ihn wie ein Zepter vor die Wohnungstür
und wirft ihren fleischigen Finger mitten in Herrn Klodziks
Schelle.

Das Guckloch bleibt leer. Nichts. Kein Geräusch, kein Schniefen, gar nichts. „Ja, dat gibbet doch gar nich'!" schimpft die Frau Siebert.

Und: „Isser denn noch zu retten, der Herr?"

Das Guckloch guckt mitleidig und schweigt.

Da steht sie nun, die Lore Siebert, auf Herrn Klodziks ausgefranster Türmatte, die längst aufgegeben hat, unter deren Gewicht nachzugeben.

Und sie starrt mit ihren Kulleraugen fassungslos auf das Guckloch.

Bis sich ein einsamer, fast jaulender Ton ihrem Munde entringt. Dann sagt sie etwas, was sich zweiundvierzig lange Jahre verboten hat zu sagen.

„Lieber Herr Klodzik", sagt sie, „komm doch ma' 'rüber, auf ein Kaffee. Bei mir auffe Eckbank."

Schweigen.

Da rinnt so etwas wie echte Verzweiflung durch Frau Sieberts andauernde Dauerwelle, und sie stampft mit dem Besenstiel sehr knapp und höchst verzweifelt ein kreisrundes Loch in Herrn Klodziks ausgefranste Türmatte.

Durch bis zum Boden. Noch ein schweigendes Loch.

„Nee, jetz' muß der Bully her", sagt sich die Frau Siebert entschlossen, wackelt die paar Stufen hinunter und läuft bis zur Ecke, wo der Herr Dickmann, seines Zeichens Steifenpolizist aus Leidenschaft, aufopfernd an einem Tretroller herumwerkelt. Neben sich ein plärrendes Kind. Mit nur einem Schuh an beiden Füßen. Der andere steckt in des Tretrollers Hinterrad.

„Bully, jetz' muß' du aber ma' ganz schnell kommen", sagt eine aufgelöste Frau Siebert, „der Klodzik will nich' mehr mit mir reden."

„Ach, is' dat wat Neues", sagt der Bully erstaunt. „Hab' ich da wat nich' mitgekriegt?"

„Nee, aber in echt", sagt da die Lore, und es kullern ein paar große Tränen auf ihren besten Kittel.

Da guckt der Bully noch ein bißchen erstaunter, lehnt den Tretroller samt baumelndem Schuh an die nächste Hauswand, setzt das plärrende Kind daneben und sagt: „Wart' ma eben, Herzken, Bully is' gleich wieder da!"

Und es rennen der besorgte Herr Dickmann und die aufgelöste Frau Siebert den Gehweg entlang bis in die Nummer siebenundzwanzig, Parterre, aber rechts.

Der Bully wirft seinen ölverschmierten Zeigefinger genauso ver-
geblich in Herrn Klodziks Schelle wie zuvor die Frau Siebert.

„Geh' ma weg, Lore", sagt der Bully auf einmal ganz ernst, tut
einen Ausfallschritt nach hinten und wirft sich dann mit seinem
ganzen Gewicht in das schweigende Guckloch.

Die Tür schmettert aus ihrer Verankerung und verkantet sich an
Herrn Klodziks feiner Raufasertapete, bevor sie splitternd zu
Boden fällt.

Da lag sie nun, die Tür mitten in Herrn Klodziks winzigem Flur,
und direkt dahinter lag der Herr Klodzik selber.

„Mausetot", wie der Bully trocken bemerkte.

„Dat kann er doch nich' machen mit mir", flüstert hinter ihm
die Lore.

„Ohne Bescheid zu sagen, einfach in die ewigen Jagdgründe
abhau'n."

„Tja, Lore", sagt da der Bully tröstend, „nix Neues im Westen.
Dem konnste auch nur vor den Kopp gucken."

Und er nimmt die Lore Siebert bei ihrer fleischigen Hand, hilft
ihr über die zerschmetterte Tür hinweg und läßt sich mit ihr
auf den Treppenabsatz fallen.

Da sitzen die beiden, zwischen Parterre rechts und Parterre links,
und schweigen. Bis die zitternde Lore unter ihrem Besen einen
kleinen Gegenstand entdeckt.

„Guck' ma, dat Guckloch", flüstert sie.

„Ein letzter Gruß", sagt der Bully erschüttert.

Bei der Insel hinter Bislich

Hinter Birten, kurz vor Xanten,
empfahl ein Mann sich bei Verwandten
mit einem wirklich großen Fisch
für den Samstagsmittagtisch.
Gesagt, getan. Mit frohem Mute
nahm er seine Angelrute
und zog zum Landschaftsschutzgebiet,
weil sein Schwager dazu riet.
Stand am Seitenarm des Rhein,
am sogenannten Seitenbein.
Es wehte eine leichte Brise,
der Sommer winkte von der Wiese.
Und während Sommer noch so winkt,
hat der Blinker wild geblinkt.
Der Mann kämpft eine gute Stunde,
blieb Sieger in der Mahlzeitrunde.
Wie krieg' ich diesen Hecht nach Hause,
fragt sich der Mann nach einer Pause.
Erspäht alsbald den alten Kahn
von seinem Bruder Florian.
Legt sich munter in die Ruder,
dankt heimlich seinem großen Bruder.
Doch in der Mitte von dem Arm
wird ihm auf einmal reichlich warm,
entdeckt er doch ein Loch im Boot,
und in seiner großen Not
verschließt er mit dem Hinterteile
das Loch in allerhöchster Eile.

Bei der Insel hinter Bislich
wird die Lage wirklich misslich,
sichtet doch ein Kormoran
den Fisch und den lädierten Kahn
und landet plötzlich in dem Boot,
das darauf zu kentern droht.
Es füllte sich mit seichtem Wasser
und der Mann wird merklich blasser.
Leichte Panik reißt ihn hoch,
jedoch, am Boden ist das Loch.
Solchermaßen überfordert entscheidet
sich der Mann zu Recht:
erst das Leben, dann der Hecht.
Er sprang gar kühn über den Rand,
was des Vogels Beifall fand.
Der wähnt allein sich mit der Beute,
was er aber gleich bereute.
Weil der Mann so schnell verschwand,
erhöht sich schnell der Wasserstand.
Worauf der Hecht, nur leicht benommen,
seine Chance wahrgenommen,
ermuntert durch des Mannes Flucht,
nun ebenfalls das Weite sucht.
Es flohen Vogel, Hecht und Mann,
woraus man simpel schließen kann:
am Niederrhein wird man nur satt,
wenn man keine Angel hat.

Auf einem Stück vom Himmel

An der Baerler Chaussee, ganz dicht am Rhein, wo ich im Sommer so oft mit den Wellen um die Wette gefahren bin, und zu beiden Seiten des Weges die Gräser sich so sanft der Trockenheit jenes Sommers hingaben, habe ich den Himmel auf Erden gespürt. Seinen goldenen Teppich hat er mir ausgebreitet, und zwischen den glänzend grauen Steinen am Ufer hat geheimnisvoll glucksend das Wasser mir Geschichten erzählt, und der Wind hat sie davongetragen, in jeden Winkel des Niederrheins, wo sie sich hingehängt haben zwischen die Früchte des Sommers und wispernd und flüsternd bis in die späten Abendstunden die Gärten gefüllt haben mit ihren Melodien von weit her. Über Nacht haben die Spinnen weitergewoben am himmlischen Teppich und zwischen Abertausenden von schimmernden Tautropfen den Duft des Sommers in die filigranen Muster gelegt.

Und so bin ich dahingeschwebt, auf einem Stück vom Himmel, vorbei an Haus Rheinblick, wo man unter den mächtigen Bäumen mit Vater Rhein zu Tisch sitzen kann, vorbei an den alten Männern auf den Uferbänken, die nickend und wippend ihre Kindheit an sich vorbeiziehen ließen, immer weiter bin ich geschwebt Richtung Orsoyer Rheinbogen, und bis zum Horizont lag der Himmel mir ausgebreitet zu Füßen.

Den ganzen Sommer bin ich geradelt, bis der goldene Schein verblasste und die Hitze des Sommers ihren Staub in die kühlenden Fluten des Rheins fallen ließ. Da bin ich noch einmal hingeradelt und habe das Fahrrad an den Baum gelehnt und den goldenen Teppich vor mir hergerollt und hinten auf mein Rad geladen, um ihn mitzunehmen in mein Winterquartier.

Hoch aufgetürmt hat sich der Sommer hinter mir und ganz vorsichtig bin ich losgefahren mit meiner kostbaren Fracht. Dann bin ich doch noch mal abgestiegen, weil auf einer Bank ein alter Mann saß. In seinen Händen lag leuchtend ein Rest vom Sommerteppich, den ich vergessen hatte, und ich streckte meine Hände aus, und er legte mir den Sommerrest in die eine und sein Lächeln in die andere Hand. Sorgfältig habe ich sie mir in die Jackentaschen gestopft und habe mich bedankt bei dem alten Mann und bin durch die Felder nach Hause geeilt. Irgendwo zwischen dem Baerler Busch und Scherpenberg ist mir der Sommer vom Fahrrad gekullert, und ich bin den ganzen Weg zurückgefahren und habe überall nach ihm gesucht, weil ich mich doch so gerne noch von ihm verabschiedet hätte.

Vorgestern hat mir jemand erzählt, er hätte den Sommer am Uettelsheimer See getroffen, beim Schwänefüttern. Im Ufergestrüpp hätte er zusammengesunken gehockt und sich müde und glanzlos in der Wintersonne geräkelt. Vorsorglich habe ich ihm schöne Grüße bestellt und ihm ausrichten lassen, daß ein Stück von seinem goldenen Teppich bei mir zu Hause auf der Fensterbank läge und auf ihn warten würde.

Das Lächeln habe ich mir ganz behutsam zusammengebunden und um den Hals gehängt, und ab und zu gehen wir in den Keller und besuchen mein Fahrrad und erzählen uns Geschichten und trinken ein bißchen Kaffee aus der Thermoskanne. Mitten unter den Spinnweben vom letzten Sommer.

Neben Rhein und hinter Ruhr

Kalte Röhren, fließend Bäche,
bezahlen lautlos ihre Zeche,
in Beton gepresst Natur,
neben Rhein und hinter Ruhr.

Tropfen, die an Scheiben rennen,
Gesichter, die sich flüchtig kennen,
Münder lautlos Worte formen,
resigniert in ihren Normen.

Endlos lange Blechlawinen
versteinern reglos Menschenmienen,
lebendig Sarg an Sarg gezwängt,
vom Moloch der Zeit bedrängt.

Gestählt, auf düster kahlem Grunde,
drehen Schlote ihre Runde,
verhüllt und schemenhaft gedacht,
schwirren Träume durch die Nacht.

Entschwunden flehentliche Bitten,
Wege, die nicht mehr beschritten,
Zechenrad nagt an der Zeit,
knirschend macht sich Zukunft breit.

Die Autorin und die Autoren

Thorsten Baßfeld
Geboren 1971 in Orsoy, lebt und arbeitet in Moers, letzteres
als Verwaltungsfachwirt des Grafschafter Museums im Moerser
Schloß. Auftritte bei vielen Veranstaltungen und Lesungen als
Autor, Musiker und Kabarettist.

Christian Behrens
Geboren 1969 in Rheinhausen, wo er auch heute lebt, schreibt
und fotografiert. Zusammen mit seinem musikalischen Partner
Thomas Hunsmann präsentiert er in mittlerweile vier Kleinkunst-
programmen Texte, Bilder und Lieder aus den „Kleinen Welten"
(Infos im Internet: *www.kleinewelten.de).* Drei Buchveröffent-
lichungen und eine Live-CD.
„Die Niederrheinroute" (CD) aus: Kleine Welten am Nieder-
rhein, Edition Aragon, Moers 1997
„Ein Hauch von Glück" aus: Neues aus den Kleinen Welten,
Edition Aragon, Moers 1998
„Sichtweisen" und „Ein Fröschlein..." (CD) aus: Am Niederrhein
ist immer Sommer, Edition Aragon, Moers 2001
„Die Grille" und „Über's Jahr" aus: Unsere kleine Welt, Bren-
dow Verlag, Moers 2002

Uwe Brosch
Geboren 1959 in Essen, lebt in Neukirchen-Vluyn und arbeitet
in einem Kinderheim. Veröffentlichung von Kinder-Geschichten
und Musicals, Gedichten, Liedern und Chansons sowie verschie-
dene CD-Produktionen. Auftritte als Liedermacher und mit
Mitmach-Programmen für Kinder.
„Herbst am Niederrhein" aus: CD „Zeitgeistsurfer",
ERES-Verlag, Lilienthal/Bremen 2001

Okko Herlyn
Geboren 1946 in Göttingen, aufgewachsen in Ostfriesland und
am Niederrhein. Nach der Arbeit als Gemeindepfarrer in
Duisburg seit 1994 Professor für evangelische Theologie an der
Evangelischen Fachhochschule Bochum und Privatdozent an der
dortigen Ruhruniversität. Zahlreiche literarische und kabarettisti-

sche Auftritte und neben wissenschaftlichen Publikationen vor
allem Veröffentlichung von Lyrik, Kurzprosa, kabarettistischen
Texten und neuen geistlichen Liedern.
Die Texte „Am Anfang war's nur ein Gerücht", „Ich bin so gern
am Niederrhein", „Im Urland der Bußfertigkeit", „Man kannet
au übertrei'm", „Niederrheinisches Volksvergnügen" und „Wo
wollnse hin?" sind dem Band entnommen: Hoffnungslos
Heimatlich. Vom Niederrhein und anderen Handgreiflich-
keiten, Mercator Verlag Duisburg 2001

Almuth Sperveslage
Geboren 1960 auf der Bönninghardt bei Alpen, lebt in Moers
und arbeitet als Einrichtungsberaterin. Die zweifache Mutter
zeichnet seit ihrer Kindheit Bilder des Niederrheins, sei es
als Bildhauerin, Malerin, Fotografin oder Schriftstellerin.